LUISE GERLACH

# ASTROLOGIE für Anfänger

## Die verborgene Botschaft der Sterne

Email: info@edition-lunerion.de
www.edition-lunerion.de



Psiana eCom UG
Berumer Str. 44
26844 Jemgum

# INHALT

# Ein Ausblick auf die Milchstraße

Was erwartet mich dieses Jahr? Wie kann ich mich selbst besser kennenlernen? Warum reagiere ich manchmal auf eine bestimmte Art und wie wirke ich auf andere?

Haben Sie sich diese Fragen auch schon einmal gestellt und dabei vielleicht einen Blick in das Zeitungshoroskop geworfen?

In diesem Buch wollen wir uns auf eine Reise begeben und der alten Wissenschaft der Astrologie auf den Grund gehen. Wir werden verstehen, wo die Astrologie herkommt, welchen Mehrwert sie für die Menschen über die Jahrzehnte hatte und warum sie bis heute noch ganzen Generationen als Begleiterin und Beraterin dient.

Wir werden die Bestandteile des Horoskops und ihre Hintergründe kennenlernen und sogar einen Abstecher in unser Sonnensystem machen. Entdecken wir die Planeten in unserer Nachbarschaft von einer ganz neuen Seite und versuchen, zu verstehen, welchen Einfluss sie auf uns haben. Am Ende der Reise werden Sie genug Handwerk kennen, um Ihr Horoskop zu verstehen und sogar selbst zu erstellen. Sind Sie bereit, die Sterne aus einem anderen Blickwinkel zu sehen und zu hören, was sie uns vielleicht zu sagen haben?

**Hinweis**: In diesem Buch finden Sie an verschiedenen Stellen QR-Codes, die Sie zu Zusatzmaterial führen. Falls Sie keine Möglichkeit haben, diese zu scannen, können Sie die Dateien auch über diesen Link finden: https://bit.ly/3rWTgKf

# Eine uralte Wissenschaft

## DER ASTROLOGIE AUF DER SPUR

Seit Menschengedenken fasziniert der Himmel bei Tag und insbesondere bei Nacht, wenn die glitzernden Sterne ein Leuchtfest veranstalten. Wir schauen gebannt in die Ferne und lassen uns von den Sternen verzaubern und leiten, fragen uns, ob der Himmel Antworten auf unsere Fragen hat. Vor langer Zeit mögen sich die Menschen gefragt haben, ob die Ernte erträglich wird, ob sie das Jahr gesund überstehen oder ob sie Schicksalsschläge ereilen. Aber wer waren die ersten Menschen, die Astrologie als Wissenschaft entdeckt haben? Wir wollen eine spannende Reise in die Vergangenheit machen und dabei sein, wenn der Mensch erstmalig die Astrologie entdeckt und diese uns bis in die moderne Welt begleitet.

## DER MOND BESTIMMT ÜBER EBBE UND FLUT, AUCH ÜBER UNS?

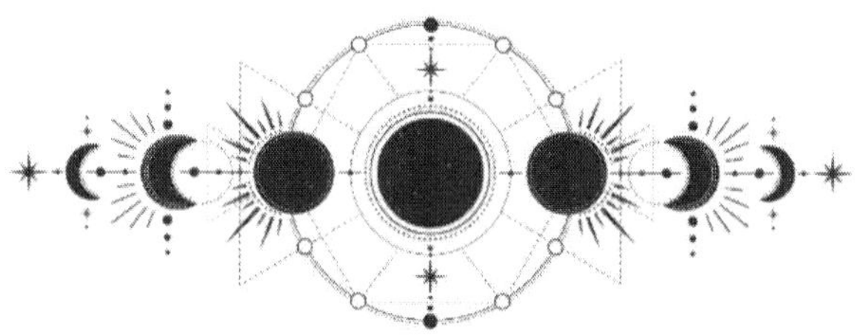

Der Mond – Fakten und Wissenswertes:

1. Ein Mond wird auch als Satellit oder Trabant bezeichnet.
2. Unser Mond oder Erdtrabant (auch Luna und Selene genannt) ist der einzige Mond, der um unseren Planeten kreist.

3. Die Entfernung vom Mond zur Erde beträgt 384.400 km. Astronauten könnten den Mond theoretisch in ca. 10 Stunden per Direktflug erreichen. Unter Berücksichtigung der jeweiligen Umlaufbahn braucht es in der Praxis jedoch vier bis fünf Tage, um den Mond zu erreichen.
4. Der Mond hat ca. 3.476 km Durchmesser, somit knapp 30 % des Erddurchmessers.

**Infobox:**
Das Wort Satellit entstammt dem lateinischen „satelles" und bedeutet „Anhänger, beschützender Begleiter oder Leibwächter". Trabant bedeutet ebenfalls „Begleiter". In der Sternenkunde sind damit natürlich entstandene Objekte definiert, die sich in der Umlaufbahn eines mehrfach massereicheren Objektes (wie eines Planeten) befinden. Unnatürlich entstandene Satelliten sind diejenigen, die von Menschen in die Umlaufbahn gebracht wurden, um uns zum Beispiel die Telekommunikation zu ermöglichen.

5. Der Mond braucht für eine Drehung um sich selbst ca. 27 Tage. Dies nennt man die siderische Umlaufzeit, nämlich die in Bezug auf die Erde.
ABER:
6. Von Neumond zu Neumond braucht er ca. 29,5 Tage. Da Mond und Erde beide um die Sonne kreisen, braucht der Mond ca. zwei Tage mehr, bis er im selben Winkel zur Erde und Sonne steht. Dies nennt sich die synodische Umlaufzeit oder die Lunation.

**Infobox:**
Siderisch entstammt dem lateinischen Wort „sidus" und bedeutet „Stern, Gestirn". Der siderische Monat ist der Zeitraum, den der Mond braucht, um an derselben Position, demnach bei demselben Fixstern am Nachhimmel, zu erscheinen. Die synodische Umlaufzeit entsprang dem Wort „Synodicus", welches ein Adjektiv aus dem Spätlateinischen ist und „zusammen gehen oder zusammen kommen" bedeutet.

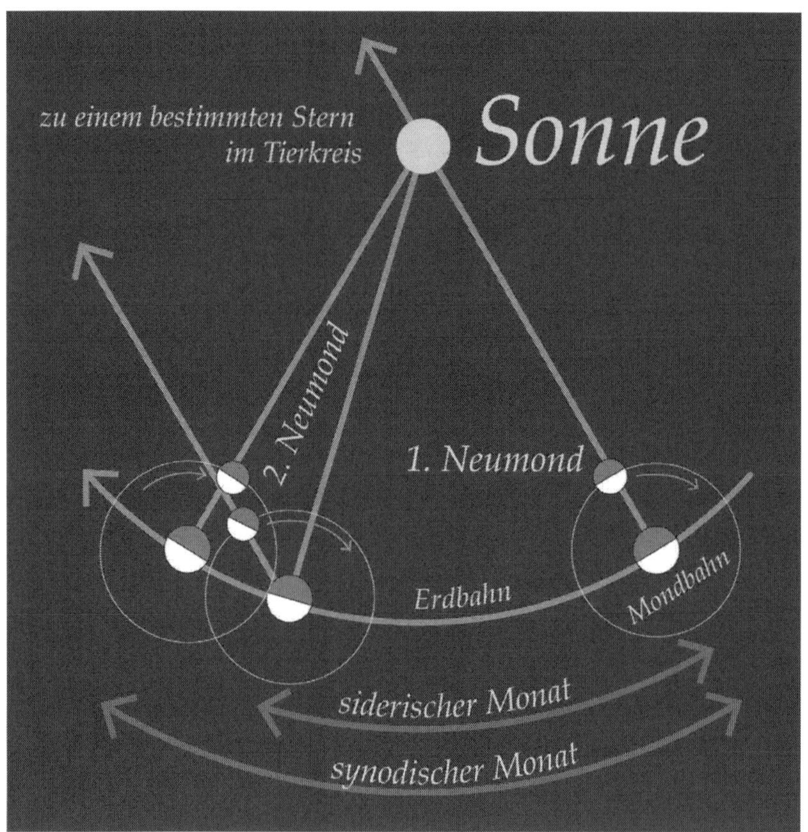


Der Mond im Vergleich zum siderischen und synodischen Monat

Wir wissen nun, dass der Mond als Satellit die Erde umkreist. Durch seine Gravitation hält er die Erde in ihrer Achse, was auch unser Klima stabilisiert. Er beeinflusst unter anderem die Gezeiten und damit auch direkt das Leben der Erdbewohner. Doch was bedeutet das? Wie kann es sein, dass ein Himmelskörper, der so weit entfernt ist, Einfluss auf das Leben auf der Erde hat? Blicken wir einmal auf den Zyklus des Mondes und seine Gravitation auf die Erde, wird uns klar: Ebbe und Flut entstehen durch die Anziehungskraft, die der Mond ausübt, während er der Erde näher kommt oder sich wieder von ihr entfernt. Schauen wir uns das einmal genauer an. Stellen wir uns die Konstellation Erde, Mond und Sonne als zweidimensionales Modell vor, von dem aus wir von oben herabblicken, und nehmen das Ziffernblatt der Uhr als Orientierungshilfe. Wir werden uns im folgenden Modell lediglich vier Richtungen anschauen: vorne auf 12:00 Uhr, rechts auf 3:00 Uhr, unten auf 6:00 Uhr und links auf 9:00 Uhr.

### 12 Uhr: Neumond

Wir blicken von oben herab auf die Erde. Über ihr ist der Mond auf 12:00 Uhr. Über dem Mond, ebenfalls auf 12:00 Uhr, ist die Sonne. Von oben nach unten geschaut bilden Sonne, Mond und Erde eine gerade Linie. Der Mond wird von der Sonne beleuchtet, somit ist die Schattenseite des Mondes zu Erde gewandt und wir sehen den Mond demnach gar nicht. Bei dieser Konstellation handelt es sich um den Neumond. Die Gravitation des Mondes zieht insbesondere die Weltmeere an, die sich dann durch die Anziehungskraft in Richtung der Gravitation bewegen. Es entsteht Flut in Richtung des Mondes. Da die Erde sich weiterdreht, wirken noch weitere Zentrifugalkräfte (auch Fliehkräfte genannt) auf die Wassermassen. Am anderen Ende der Erde, auf der Seite, die dem Mond und der Sonne entgegengesetzt ist, entsteht somit ebenfalls Flut. Zwischen den zwei Flutbergen, in diesem Modell auf 12:00 Uhr und 6:00 Uhr, senkt sich der Meeresspiegel. Die zum Mond und zur Sonne gerichtete Flut nennt sich Mondgezeit. Die durch die Zentrifugalkraft ausgelöste Flut in entgegen gesetzter Richtung nennt sich Sonnengezeit.

Links und rechts der Erde (auf 3:00 Uhr und 9:00 Uhr) gibt es demnach Ebbe. Wenn diese Gezeiten eintreffen, spricht man von Springflut oder Springtide. Diese kann, insbesondere in Kombination mit Stürmen, verheerende Schäden auf dem Land anrichten.

**Infobox:**
Gezeiten werden auch „Tiden“ genannt und entstammen dem altdeutschen Wort „Zeit“. Der Tidenhub ist die Differenz zwischen dem Hochwasser bei Flut und dem Niedrigwasser bei Ebbe.

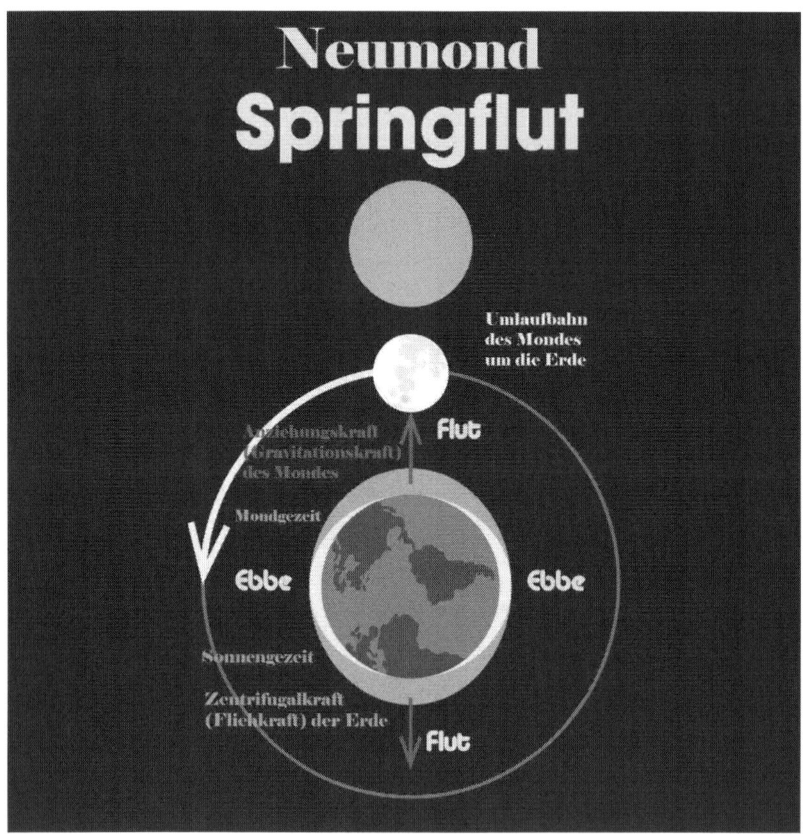

Der Neumond und die Springflut

### 3 Uhr: Halbmond

Setzt der Mond nun seine Wanderung in seiner Umlaufbahn fort, wird er immer mehr von der Sonne angestrahlt und für uns nach und nach in Sichelform sichtbar. Es handelt sich um den zunehmenden Mond, der nach ca. sechs Tagen Wanderung im 90-Grad-Winkel zur Sonne steht. Das erste Viertel seiner Oberfläche wird von der Sonne angestrahlt, für uns ist es die Zeit des Halbmondes. Blicken wir erneut auf unser zweidimensionales Modell, so wäre die Position des Mondes auf 9:00 Uhr, während die Position der Sonne zur Erde unverändert bleibt. Die Gravitation des Mondes wirkt auch hier wieder auf die Weltmeere, die sich von ihm anziehen lassen. Es entsteht wieder Flut Richtung Mond und durch die Zentrifugalkraft auf der entgegengesetzten Seite des Mondes, demnach in Richtung 3:00 Uhr. Diese Flut nennt sich Nippflut oder Nipptide. Anders als die Springflut zeichnet sich die Nippflut durch einen besonders niedrigen Wasserstand aus. Sie ist demnach deutlich flacher als der Wasserstand bei der Springflut und hat auch weniger Zerstörungskraft, tritt sie zusammen mit Stürmen auf.

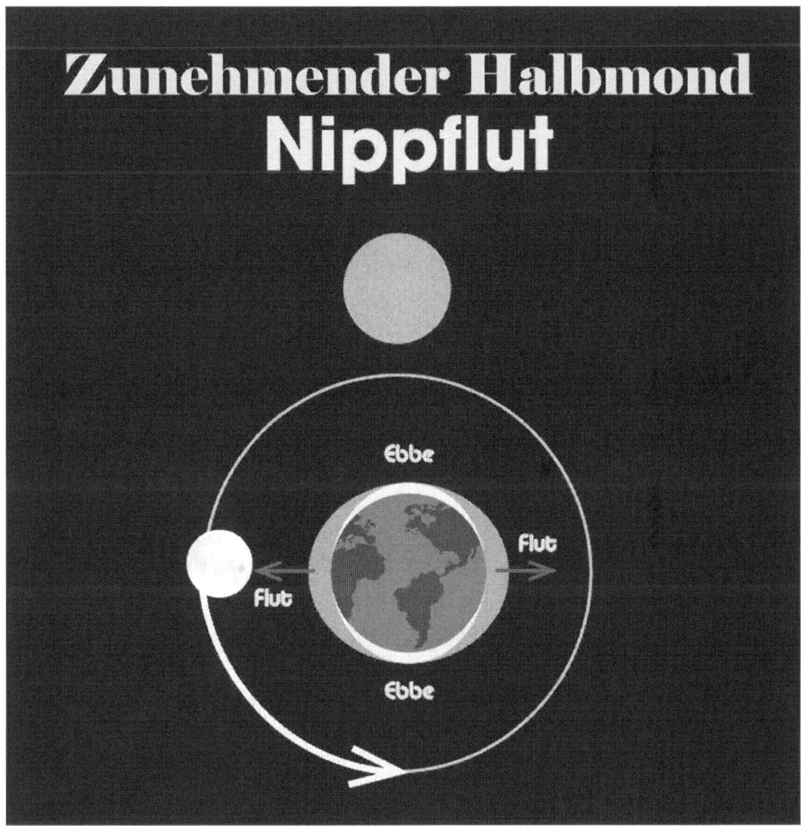


Der zunehmende Halbmond und die Nippflut

Ihnen als aufmerksamer Leser hat sich hier bereits folgende Frage aufgedrängt: Wieso hat der Halbmond eine andere Wirkung auf die Gezeiten als der Neumond, verändert sich etwa die Gravitationskraft? Nein, die

Gravitation des Mondes ist gleichbleibend. Dennoch ist Gravitation die Antwort, aber nicht die des Mondes. Es handelt sich um die Gravitation der Sonne, die hier mit einwirkt. Während bei Neumond Sonne und Mond aus gleicher Richtung auf die Erde einwirken, steht die Sonne noch immer an ihrer Ursprungsposition, während der Mond seine Position gewechselt hat. In einem Dreieck üben nun beide ihre Anziehungskraft auf die Erde aus, wobei die Gravitation der Sonne lediglich ca. 46 % beträgt, ausgehend von 100 % des Mondes.

### 6 Uhr: Vollmond

Wandert der Mond nun weiter, erreicht er nach weiteren acht Tagen ca. das weitere Viertel seiner Umlaufbahn. In unserem zweidimensionalen Modell stehen Sonne, Erde und Mond erneut in einer Linie, nur befindet sich der Mond hier nun hinter der Erde, auf 6:00 Uhr. Er wird von der Sonne angeleuchtet und wir können seine gesamte Oberfläche erkennen. Es ist die Zeit des Vollmondes. Hier wirken dieselben Kräfte auf die Weltmeere ein wie beim Neumond. Es ist erneut Springflut.

Der Vollmond und die Springflut

### 9 Uhr: Halbmond

Beginnt der Mond nun mit der weiteren Wanderung seiner Umlaufbahn, wird er seine dritte Phase abschließen und sich uns erneut als Sichel zeigen, als abnehmender Halbmond. Anders als die Sichel auf 9:00 Uhr würde die Sichel in der Position auf 3:00 Uhr genau auf der anderen Mondseite zu sehen sein. Ein ganz einfacher Merksatz kann Ihnen dabei helfen, zu erkennen, ob es sich bei der Sichel, die Sie am Sternenhimmel beobachten, um einen zu- oder abnehmenden Halbmond handelt. Der Merksatz lautet:

Klammer auf: abnehmender Halbmond

Klammer zu: zunehmender Halbmond

Steht der Mond erneut im 90-Grad-Winkel zur Sonne, dieses Mal allerdings auf 3:00 Uhr, handelt es sich um den abnehmenden Halbmond mit der aufgehenden Klammer. Es herrscht wieder Nippflut, die Ebbe befindet sich in Richtung Sonne und ehemalige Position des Vollmondes, also auf 6:00 Uhr. Der Mond tritt nun seine Reise im letzten Viertel an. Seine Endposition wird erneut zwischen Sonne und Erde sein, von der wir den Neumond sehen bzw. nicht sehen. Der Mondzyklus ist vollendet und hat 29 Tage gedauert. Bei unserem Modell haben wir die synodische Umlaufzeit oder die Lunation verwendet, indem wir die Zeit berechnet haben, die der Mond brauchte, um wieder in derselben Position zur Sonne zu stehen. Ähnlich wie die Erde um die Sonne bewegt sich der Mond nicht in einem geraden Kreis um die Erde, sondern in einer Ellipse. Der Mond, die Erde und die Sonne vollführen jeden Monat einen Tanz in Kreisen um sich selbst.

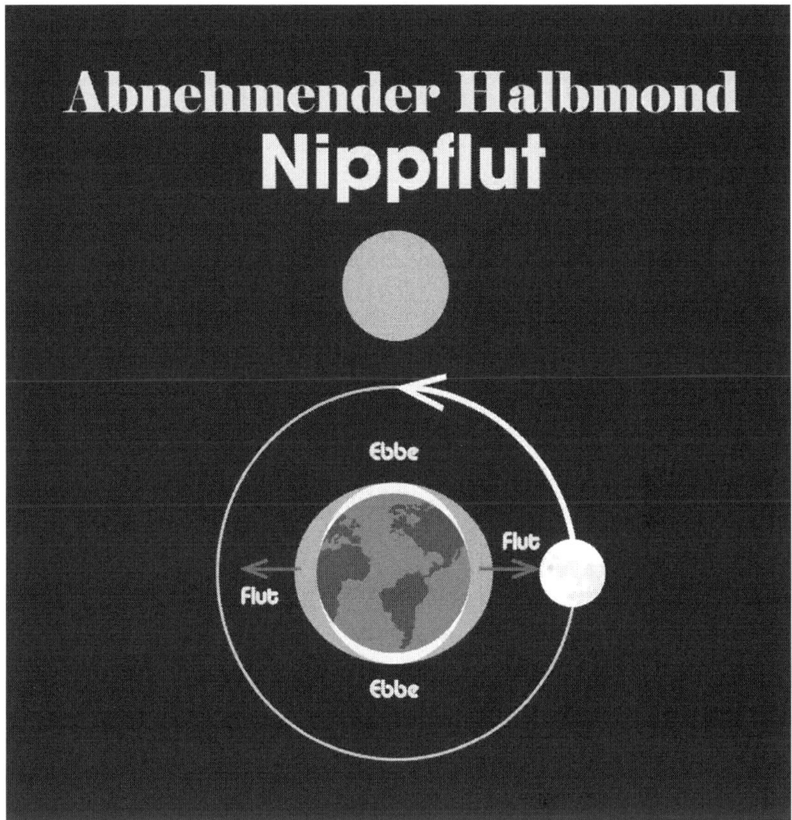


Der abnehmende Halbmond und die Nippflut

Durch die Gravitation bewegt der Mond also das Wasser der Ozeane, die wie auf einem tiefen Teller hin und her schwappen. Die Anziehungskraft des Mondes macht jedoch nicht nur bei Wasser Halt. Auch die Erdkruste hebt und senkt sich, je nach Mondzyklus, jedoch um lediglich 30 Zentimeter, daher ist das für uns kaum spürbar. Wir nehmen die Effekte des Mondes auf die Erde für derart selbstverständlich, dass wir uns eine Welt ohne Mond nicht vorstellen könnten. Ich lade Sie zu einem Gedankenexperiment ein. Stellen wir uns vor, der Mond würde durch eine kosmische Anomalie plötzlich aus seiner Umlaufbahn verdrängt werden und unsere Galaxis verlassen.

**Welche Auswirkungen hätte das auf unseren Planeten und auf uns?**
Die offenkundigste Auswirkung wäre, dass die Erde nicht mehr durch die Gravitation des Mondes stabil in ihrer Umlaufbahn wäre. Sie würde sich vermutlich neigen und damit andere Jahreszeiten auslösen, genau genommen lediglich zwei. Die zur Sonne geneigte Seite würde ein halbes Jahr sengende Hitze und anhaltende Tage erhalten und die andere, der Sonne abgeneigten Seite würde unter einer halbjährigen Dunkelheit und eisigen Temperaturen leiden.

Es gäbe keine Ebbe und keine Flut, was die Drehung der Erde um die eigene Achse beschleunigen würde. Ein Tag hätte nicht mehr 24 Stunden, sondern lediglich sechs bis acht. Ein Tag-Nacht-Rhythmus würde in der Form, wie wir ihn kennen, nicht mehr existieren. Gewaltige Stürme würden über die Erdoberfläche fegen. Wassermassen würden sich über das Land ergießen. Alles in allem wäre ein Leben auf der Erde vermutlich nicht mehr möglich.

Gehen wir ein paar Schritte zurück. Angenommen, die Auswirkungen wären weniger gewaltig und es wäre ein Leben weiterhin möglich. Inwieweit würde der fehlende Mond die Lebewesen beeinflussen?

Für die Tiere, die sich nach dem Mond orientieren, wie zum Beispiel der Schwarzsegler, der bei dunkleren Neumondnächten gerade einmal einen km über den Boden fliegt, sich jedoch bei Vollmond auf ca. vier km in die Lüfte schwingt, wäre das ebenfalls eine katastrophale Wendung.

Auch Eulen, Schwalben und Fledermäuse jagen bevorzugt bei Vollmond. Ihr Jagderfolg scheint von den Mondphasen abzuhängen.

Auch des Menschen bester Freund, der Hund, reagiert auf die Mondphasen. Eine britische Studie aus dem Jahr 2000, veröffentlicht im National Library of Medicine, hat herausgefunden, dass Hundebisse bei Menschen bei Vollmond häufiger auftreten. Zugrunde lagen Daten von Patienten, die aufgrund von Hundebissen medizinisch behandelt werden mussten. Bei Vollmond war die Anzahl der Patienten, die aufgrund von Hundebissen medizinische Behandlung ersuchten, doppelt so hoch.

Unklar ist jedoch, ob die Ursache dafür bei den Hunden selbst liegt, ob diese als Reaktion auf menschliches Handeln erfolgt oder beides. Das Ergebnis ist dennoch eindeutig und der Zusammenhang zum Vollmond erwiesen.

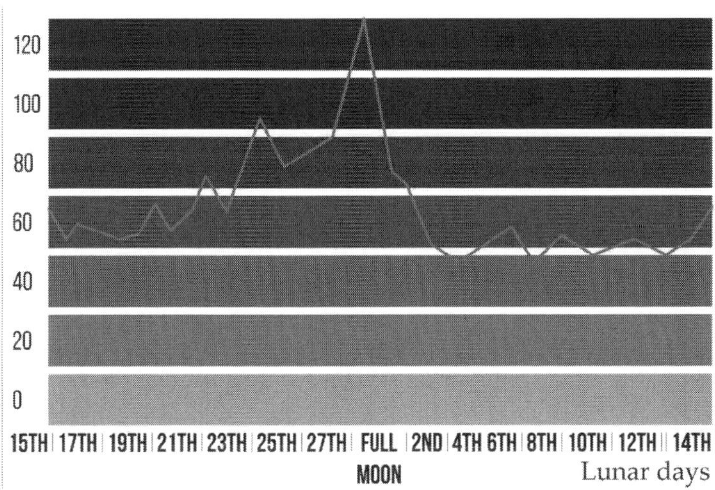

Das Leben der Menschen ist auch von der umliegenden Natur beeinflusst. Doch welche direkte Auswirkung hat der Mond auf uns?

Um den Einfluss des Mondes auf den Menschen ranken sich zahlreiche Mythen. Manche berichten von kürzeren Schlafphasen, mit schlechterer Schlafqualität kurz vor der Vollmondphase, oder auch von vermehrtem Auftreten von schlechten Träumen.

Der Baseler Chronobiologe Christian Cajochen veröffentlichte im August 2013 eine Studie, in der er Daten aus ehemaligen Studien in Bezug auf den Mondzyklus verwertete – mit erstaunlichen Ergebnissen. Insgesamt 33 Personen verschiedener Altersgruppen übernachteten im Schlaflabor unter gleichen Bedingungen. Sie hatten keine Kenntnisse über den Mondzyklus und waren keinem direkten Mondlicht ausgesetzt. Die Probanden berichteten von qualitativ schlechterem Schlaf und von Einschlafschwierigkeiten vier bis fünf Tage vor Vollmond. Die Hirnmessungen sowie Hormonproben bestätigten die subjektive Wahrnehmung: Es war deutlich messbar, dass die Schlafqualität zu dieser Zeit des Mondzyklus sank. Eine weitere Studie beschäftigte sich mit der Auswirkung des Mondzyklus auf den weiblichen Menstruationszyklus. Im Magazin Science Advances erschien ein Artikel, der verschiedene Studien zu diesem Thema zusammenfassend beleuchtet, mit dem Ergebnis, dass bei Frauen unter 35 Jahren temporär der monatliche Zyklus mit dem Mondzyklus zusammenfällt. Welche Ursachen das hat, ist bislang nicht abschließend erforscht worden. Ob die Gravitationskraft des Mondes den weiblichen Körper derart beeinflusst, kann hier nur gemutmaßt werden.

Fakt ist, der Mond beeinflusst Gigantisches, wie die Wiege der Ozeane, die Achse der Erde, die Erdoberfläche sowie kleine Organismen, wie Vögel und Fische, die sich nach dem Mond orientieren. Wieso sollte er dann nicht auch größere Lebewesen wie den Menschen beeinflussen? Ob und inwieweit der Mond auch Sie beeinflusst, können Sie selbst herausfinden. Ich lade Sie auf ein kleines Experiment ein, indem Sie für sich selbst erforschen können, inwieweit der Mond Auswirkungen auf Sie hat.

**Experiment: Auswirkungen des Mondes**

Schauen Sie auf den Mondkalender (oder nachts direkt in den Himmel) und beginnen Sie ab Neumond, Mondtagebuch zu führen. Notieren Sie jeden Tag für 30 Tage nach dem Aufstehen:

- Konnten Sie gut oder eher mäßig einschlafen?
- Wie war Ihre Schlafqualität?
- Hatten Sie Träume und wenn ja, welche Emotionen haben diese bei Ihnen ausgelöst?
- Mit welchem Gefühl starten Sie in den Tag, ist es positiv oder eher negativ?
- Wie ist Ihr körperliches Wohlbefinden?

Bei Frauen:

- An welchem Stadium Ihres Monatszyklus sind Sie jetzt?

Nach Ablauf der 30 Tage vergleichen Sie Ihre Notizen mit dem Mondkalender. Um genauere Daten zu erzielen, empfiehlt es sich, das Mondtagebuch über mehrere Monate hinweg zu führen.

So können Sie jeden Zusammenhang Ihres Wohlbefindens mit dem Mondzyklus konkret nachhalten.

„Ich werde niemals ein Morgenmensch sein,
denn der Mond und ich sind zu sehr verliebt"
~ Christopher Poindexter ~

## Der Ursprung der Astrologie

Wir schreiben das Jahr 1250 v. Chr. und befinden uns in Mesopotamien. Ein junger Hirte liegt in der späten Abenddämmerung rücklings auf einem Hügel und schaut in den Himmel. Eine Landschaft geprägt von flachen Hügeln erstreckt sich bis zum Horizont. Diese sind weitestgehend gelbgold, mit einigen, wenigen grün gesprenkelten Grasoasen, über die sich träge Schafe ausbreiten. Die untergehende Sonne taucht den Horizont und die Erdoberfläche in flammendes Orange. Die Luft flimmert nur noch leicht in der Hitze. Es ist Trockenzeit. In der langsam eintretenden Dunkelheit beginnen die Sterne, zu glitzern, und das Firmament des Nachthimmels erleuchtet. Der Hirte sucht den Himmel einige Zeit mit den Augen ab und wird schließlich fündig. Er erspäht das Gestirn des Gottes Enki, der Gott der Weisheit und der Ordnung, der den Menschen Wasser bringt, ihre Äcker und Weiden befeuchtet und das Ende der Trockenzeit einläutet. Sein Gestirn leuchtet bereits jetzt hell am Himmel, obwohl die Sonne noch nicht ganz untergeht. „Es ist ein gutes Zeichen", denkt der Hirte, „Die Trockenzeit findet nun ihr Ende, Enki ist uns wohlgesonnen und wird uns Wasser bringen." Enki wird zur damaligen Zeit auf Schrifttafeln mit einem Trog dargestellt, den er über seine Schulter trägt und damit seine Umgebung bewässert. Haben Sie das Sternzeichen des Weisheitsgottes Enki erkannt? Heute ist er uns bekannt als das Sternzeichen des Wassermanns – vor ca. 2500 Jahren jedoch war das Gestirn am Nachthimmel noch der Repräsentant des Weisheitsgottes Enki.

**Infobox:**
Enki, auch Ea genannt, ist ein alter Gott der Summerer, die den Süden Mesopotamiens bevölkerten. Sein Name bedeutet „Herr der Erde", denn er galt als der Schöpfergott, der auch Herr über das Süßwasser war, der Lebensquell der damaligen Bevölkerung. Mit Geschick und Weisheit half er den Menschen aus Notlagen und entschied, so wie das Wasser, das er beherrschte, über Leben und Tod. Er galt auch als Gott des schöpferischen Geistes.

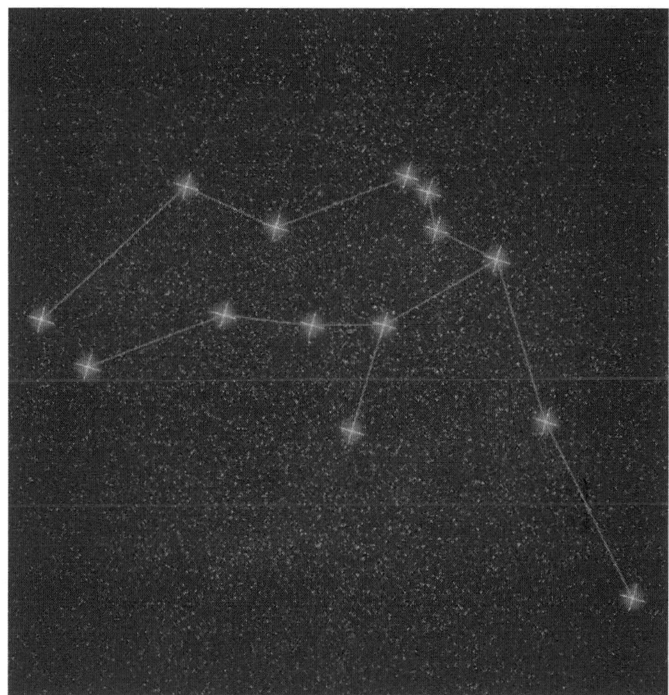

Das Sternbild Wassermann am Nachthimmel

In Mesopotamien wurde nicht zwischen Astrologie und Astronomie unterschieden. Die Menschen verehrten astrale Wesen, Götter, die zwar Menschengestalt annahmen, jedoch ihr Wesen durch Himmelsgestirne offenbarten.

**Infobox:**

Astronomie leitet sich aus den lateinischen und griechischen Worten „astro" für Stern und „nomie" für Gesetz ab. Damit ist die Wissenschaft der Sternenkunde gemeint. Das Wort Astrologie setzt sich zusammen aus dem griechischen Wort „astro" für „Stern" sowie dem griechischen Wort „logos oder logie, loge", was „Lehre" bedeutet. Übersetzt bedeutet es „Sternendeuter". Die Astronomie war zu ihren Ursprüngen noch das Handwerk der Astrologen. Erst im 17. Jahrhundert wurde unterschieden zwischen „Astronomie" und „Astrologie".

Die Sonne repräsentierte den Gott Šamaš, der Leben in die Natur bringt, aber auch Überwacher und Richter ist. Der Mond repräsentiert den Gott Sîn, der Vater des Sonnengottes. Indem die Sonne untergeht, verlässt der Sonnengott die Erde und taucht hinab in die Unterwelt, wo er den Toten Licht bringt, wenn die Menschen es nicht brauchen, und die Ordnung aufrechterhält. Währenddessen entfaltet der Mondgott Sîn seine reinigende Kraft über die Erde bei Nacht und löst Flüche und Verunreinigungen der Menschen auf.

Doch wieso ausgerechnet Mesopotamien? Heute kennen wir das Gebiet, welches in Süd-Ost Asien liegt, unter den Namen Irak und Syrien (Nordosten). Mesopotamien war ein Land mit wandelnden Grenzen. Zeitweilig reichte es bis nach Ägypten. Durch die besondere Lage des Landes, auch Zweistromland genannt, da es sich zwischen den Flüssen Euphrat und Tigris befindet, zeichnete sich das Klima durch besonders berechenbare Wetterlagen aus. Es gab die Trockenphasen, die Dürre mit sich brachten, und darauffolgende kürzere Regenphasen. Die Menschen fingen an, Zusammenhänge zwischen bestimmten Bildern am Nachthimmel und Naturvorkommnissen festzustellen.

Sie begannen, mithilfe von Berechnungen und Beobachtungen der Sterne wichtige Ereignisse vorherzusagen, wie zum Beispiel das Ende der Trockenzeit, die Überflutung der Flüsse und damit zusammenhängende, direkte Einflüsse auf die Menschen. Durch die Anwendung der Mathematik nach diesen Beobachtungen konnten sie beispielsweise die Marktpreise vorhersagen. Durch die günstige Lage zwischen den Flüssen war Mesopotamien ein äußerst fruchtbares Land, bewohnt von einer für die Zeit hoch entwickelten Kultur.

Der Erfolg und die Genauigkeit der Schlussfolgerungen aus den Sternenbeobachtungen wurden gewährleistet durch die Berechnungen der mesopotamischen Gelehrten. Diese wurden „Schreiber“ genannt, die Aufzeichnungen in Keilschrift erstellten. Den Schreibern waren nicht nur Verwaltungsaufgaben oder das Erstellen von Kaufverträgen übertragen. Das Nachhalten der Sternenbeobachtungen und das Deuten der Götterwillen waren ebenfalls eine ihrer ureigenen Aufgaben.

## War dies die Geburtsstunde der Kalender?

Ja, denn durch das Beobachten der Mondphasen oder auch den Pfad des Mondes und der Perioden, die die Sterne brauchen, um an ihre ursprüngliche Position zurückzukehren, erstellten die Schreiber einen *lunisolarischen* Kalender, der unserem jetzigen Kalender durchaus ähnelt. Der Kalender bestand aus 12 Mondmonaten, die jeweils zur Neumondphase begannen. Bei Bedarf wurde ein Schaltmonat hinzugefügt. Der Pfad des Mondes war der Beginn der Tierkreise. Wie bereits eingangs erwähnt, waren die Sternzeichen (noch) nicht deckungsgleich mit denen, die wir heute kennen. Der Wassermann war damals noch der Weisheitsgott, der Widder war der Repräsentant des Gottes für Lohnarbeit und die Fische standen für die Liebesgöttin.

## Astrologie in Babylonien

Spulen wir ein paar hundert Jahre in die Zukunft bis ca. 1000 v. Chr. Die Stadt Babylon erwuchs zur Hauptstadt Mesopotamiens. Zu den berühmtesten Orten in Mesopotamien gehörten zu der Zeit Babylon (im heutigen Irak als Ruinenstadt bekannt), Assyrien (heutige zerstörte Altstadt Mossul im Irak) und Sumer (heutiger Teil von Syrien und Irak). Günstig gelegen, direkt am Fluss Euphrat, erfreute sich Babylon am fruchtbaren Land und einer stetig wachsenden Population. Diese brachte größere Aufwendungen in der Verwaltungsarbeit mit sich. Um bürokratische Notwendigkeiten wie Steuern und Zinsen sowie Geburtsdaten genauer festhalten zu können, entwickelten die Gelehrten den bis dato genutzten lunisolarischen Kalender weiter zum *schematischen* Kalender. Sie teilten das Jahr in 12 gleiche Abschnitte, die sie Ideal-Monate nannten, und orientierten sich nur noch an den Mondphasen. Die Mondphasen sollten jedoch nicht mehr fest den Beginn oder das Ende des Monats einläuten. Die am Himmel erscheinenden Sternzeichen wurden damit den Ideal-Monaten zugeteilt und fortan nur noch Tierkreiszeichen genannt. Ihre Bedeutung im Zusammenhang mit den Naturgöttern schwand, genauso wie nach und nach die Bedeutung der Naturgötter für die Menschen schwand.

**Infobox:**
Es wird unterschieden zwischen:

Mond- oder **Lunarkalender**, der sich an den Mondphasen orientiert. Das Mondjahr hat 12 Monate, dessen einzelner Monat 29,5 Tage umfasst und mit 354 Tagen abschließt.

Sonnen- oder Solarkalender, die sich nach der Umlaufbahn der Erde um die Sonne richten. Das Sonnenjahr hat 12 Monate und ein einzelner Monat hat 30 Tage. Das Sonnenjahr hat 364 1/3 Tage im Jahr und richtet sich stark nach den Jahreszeiten. Daher werden an manchen Jahren Schalttage hinzugefügt.

Der **lunisolare Kalender** ist eine Mischung aus beiden. Er verfügt über 12 Monate und entweder sogenannte volle Monate mit 30 Tagen oder halbvolle Monate mit 29 Tagen. Um die Differenz zwischen den Tagen am Ende des Jahres auszugleichen, wurde regelmäßig unter Berechnung komplizierter Methoden ein Schaltmonat eingefügt.

Der **schematische Kalender** orientiert sich ebenfalls an den Mond-Phasen, jedoch an dem Solarkalender für den Jahresabschluss. Die Monate bestanden immer aus 30 Tagen und bei Bedarf wurde ein Schaltmonat hinzugefügt. Der Bedarf orientierte sich an auffälligen Sternen, wie Sirius oder Plejaden.

Die Kalender und die Sterndeutung dienten zunächst nicht dazu, Einzelnen das persönliche Schicksal zu verraten. Vielmehr wurden die Kalender dazu verwendet, die Zukunft des ganzen Landes zu deuten. Einzig der König, der als Repräsentant des Sonnengottes galt, war durch das Phänomen einer Sonnenfinsternis persönlich betroffen. Machen wir dazu einen kleinen Exkurs in die Geschichte und begleiten einen der großen Könige Assyriens, der als Sonnenkönig verehrt wurde, auf seinem 100-tägigen Weg abseits des Königstitels. Den Überlieferungen zufolge fand im 7. Jahrhundert vor Christus eine totale Sonnenfinsternis in Babylonien und Assyrien statt. Den damals gottesfürchtigen Menschen, die den Deutungen der Priester viel Glaube beimaßen, war klar: Der Sonnengott Šamaš (Schamasch) sowie der Götterkönig Marduk, dessen Repräsentant der Jupiter ist, der ebenfalls verdunkelt war, verweigern sich der irdischen Welt und weitere unheilvolle Folgen werden folgen.

**Infobox:**
Der Göttergott Marduk gehört zu den Urgöttern und soll im erbitterten Kampf mit dunklen Urgöttern den Sieg davongetragen haben. Die dunklen Urgötter wollten um ihrer Ruhe Willen jegliche Entwicklung, wie die Entstehung der Erde und der Menschen und auch die jüngeren Götter, ausmerzen. Aus dem Leib der Besiegten erschuf Marduk, der Schöpfergott, die Erde und die Menschen und erhob sich als Götterkönig über alle anderen Junggötter. Um wieder Ordnung zu schaffen, teilte Marduk das Jahr in 12 Monate ein und verlieh dem Jupiter die Macht über die Tierkreiszeichen. Seitdem galt der Jupiter als Repräsentant von Marduk.

Jedes Unheil wurde zu diesem Zeitpunkt dem Willen der Götter zugeordnet. Die Sonnenfinsternis wurde zeitgleich zum Todesurteil des assyrischen Königs, der als Sonnenkönig, als irdischer Repräsentant des Gottes Schamasch, galt. Um die Götter zu besänftigen und den König dennoch vor dem Tod zu bewahren, wandten die Priester eine List an. Der König gab nach der Finsternis jegliche Titel ab und sollte für 100 Tage als gewöhnlicher Bauer gelten. An seiner Stelle sollte für den Zeitraum ein Ersatzkönig herrschen. Abseits des öffentlichen Auges lagen die Entscheidungen dennoch beim eigentlichen König. Nach Ablauf der 100 Tage sollte der Ersatzkönig die Sünden der Welt sowie die Vollstreckung des Todesurteils der Götter auf sich nehmen. So verstarb der Ersatzgott nach Ablauf der 100 Tage und der eigentliche König bestieg erneut den Thron.

Wer genau König war, ist nicht überliefert. Auch das Datum der Sonnenfinsternis ist, bedingt durch Übersetzungsfehler, nicht ganz eindeutig.

**Infobox:**
Ein mögliches Datum der Sonnenfinsternis ist der 15. Juni 763 v. Chr. Zu dem Zeitpunkt war König Aššur-dan der dritte Herrscher über Assyrien. Als Indiz dafür spricht, dass es Überlieferungen gibt, die von einer Epidemie berichten sowie von einer Rebellion des eigenen Volkes, die sich vom Jahr 763 bis 758 ereignet haben soll.

An dem Beispiel des assyrischen Königs wird deutlich, welche Bedeutung die Menschen den Himmelskörpern beimaßen. Sie nahmen direkten Einfluss auf das Leben auf der Erde und entschieden bei manchen sogar über Leben und Tod. Die Sonnenfinsternis ereignete sich keineswegs überraschend. Die Gelehrten konnten durch jahrelange Beobachtungen des Nachthimmels, die sie aufgezeichnet haben, und hochmathematische Berechnungen einen genauen Überblick über die Himmelskörper und deren Bahnen erhalten. Dies war nicht die erste Sonnenfinsternis, die jemals aufgezeichnet wurde. Gleichwohl war es die erste, die von den Menschen beobachtet werden konnte und solche Konsequenzen nach sich zog. Unbeobachtete Sonnenfinsternisse, zum Beispiel durch starke Bewölkung, wurden als Milde der Götter empfunden, auch wenn die damaligen Gelehrten von ihrer Existenz wussten.

## Astrologie im antiken Griechenland

Aktivieren wir den Zeitraffer und springen einige Jahrhunderte in die Zukunft. Wir schreiben das Jahr 331 v. Chr. Alexander der Große eroberte das Persische Reich, zu dem das uns bekannte Mesopotamien gehörte. Das durch Kriege geschwächte Land konnte dem Imperialisten nicht standhalten. Zu dem Zeitpunkt, als Alexander der Große sich Mesopotamiens bemächtigt, ist der Kalender, der sich nach dem Zodiak, den 12 Tierkreiszeichen, orientiert, bereits lange bekannt. Mehr noch, die Menschen hatten bereits begonnen, Geburtshoroskope zu erstellen. Eine Überlieferung deutet darauf hin, dass die Menschen nicht nur die Position der Planeten beobachteten, sondern auch, dass sie diese in Bezug auf Geburten werteten:

„In der Nacht des 14. im Monat [...] wurde Schuma-Uschar ein Sohn geboren, zu dieser Zeit stand der Mond unter dem ‚Horn' des Skorpions, Jupiter in Fische, Venus in Stier, Saturn in Krebs und Mars in Zwillinge, außerdem war Merkur nicht sichtbar [...] Das ist gut für dich."

[Larsen L., Michael E., Rasmussen P., Astrologie. Von Babylon zur Urknall-Theorie. übersetzt: Wien: Böhlau Verlag, 2000. S. 40.].

Mit der Eroberung Mesopotamiens wurde die Wissenschaft der Astrologie und Astronomie, da beides zu dem Zeitpunkt noch dasselbe waren, über weitere Länder hinausgetragen, wie Indien, China, Ägypten, Griechenland und Rom.

Verlassen wir Mesopotamien und blicken gemeinsam in Richtung Griechenland. Hier fand Astrologie einen sehr hohen Stellenwert und wurde im Laufe der Jahrhunderte weiterentwickelt. Trotz der Anbetung verschiedener Götter erfreute sich die Astrologie großem Ansehen, insbesondere in der Weiterentwicklung zum persönlichen Horoskop.

Wie konnte die Astrologie so schnell an Bekanntheit und Glaubwürdigkeit erlangen? Der Grund dafür liegt in ihrem Ursprung, in Mesopotamien. Die dortigen Schreiber sagten Alexander dem Großen einen zeitgenauen Tod vor, aufgrund ihrer Sternenbeobachtungen, Berechnungen und Deutungen. Dieser trat auch ein. Genau 323 v. Chr. verstarb Alexander der Große aus unbekannten Gründen auf der Höhe seiner Macht, in Babylon.

Dies verschaffte der Astrologie einen noch nie dagewesenen Bekanntheitsgrad unter der Bevölkerung Griechenlands. Von da an begannen die Griechen, Einzelhoroskope zu erstellen und den Aszendenten eine größere Bedeutung beizumessen. Die Aszendenten sind die Tierkreiszeichen, die zur Stunde unserer Geburt im Osten erscheinen. Dazu lernen wir in den folgenden Kapiteln mehr.

In Griechenland wurde also die babylonische Astrologie mit offenen Armen empfangen und auf das bereits Bekannte angewendet und sogar weiterentwickelt. Eine der beeindruckendsten Früchte dieser Arbeit zeigt sich einige Jahrhunderte später, jedoch nicht in Griechenland, sondern in Ägypten, genauer gesagt, in Alexandria.

## Astrologie im alten Ägypten

Der griechisch-stämmige Philosoph, Mathematiker und Naturwissenschaftler **Claudius Ptolemäus** setzte einen Meilenstein in der Astrologie, mit seinem ersten berühmten Buch „Almagest". In Studium und Zusammentragung vieler Daten, die er in Griechenland und im antiken Rom beschaffen konnte, war Ptolemäus in der Lage, genaue Berechnungen der Bewegung von Himmelskörpern und deren Deutung niederzuschreiben. Darauf folgt sein vierteiliges Werk „Tetrabiblos", welches sich mit drei zentralen Themen beschäftigt: Astrologie, Mundanastrologie und Genethialogie.

**Infobox:**
In **Ptolemäus** erstem Buch „Astrologie" wird erklärt, wie die Himmelskörper generell auf die Natur einwirken. Im zweiten Buch „Mundanastrologie" beschreibt er den Zusammenhang zwischen Eigenschaften von Völkern unter Einfluss geologischer und astrologischer Aspekte. Die Bücher drei und vier beschäftigen sich mit „Genethialogie", die das Individuum im Fokus hat. Hier werden persönliche Schicksale und Lebensvoraussagungen berechnet, unter Berücksichtigung der Positionen von Himmelskörpern bei Geburtsterminen und Zeitpunkten der Empfängnis.

Wir sind nun in der Zeit nach Christus angekommen und nähern uns der modernen Zeit. Wie Sie bislang erkennen konnten, wurde die Wissenschaft der Astrologie, die weit in die Vergangenheit zurückreicht, über die Jahrhunderte immer mehr weiterentwickelt.

In Ägypten erfährt die Astrologie – ähnlich wie in Griechenland – eine Anpassung an die Kultur und die dortigen Götter. Der uns bekannteste dürfte der falkenköpfige Gott Ra sein, der als Sonnengott verehrt wurde. Dem Gott des Totenreichs Osiris wurde das Sternenbild des Orion zugeordnet. Eine weitere berühmte Figur ist der Totengott mit dem Schakalkopf Anubis, der die Menschen ins Totenreich bringt. Ihm wurde das heutige Sternzeichen Schütze zugeordnet. Hier scheint sich die Geschichte zu wiederholen, nur mit anderen Darstellern. Jede Kultur prägte die Deutung der Planeten durch ihren eigenen Glauben und ihre eigene Weltanschauung. Spulen wir wieder in der Geschichte vor und wenden uns dem nächsten großen Meilenstein der Historik der Astrologie zu.

ANUBIS

Wie wir gelernt haben, glaubten die Menschen bis dato an den Einfluss der Sterne, der selbst das eigene Schicksal beeinflusst, und an den Willen verschiedener Götter, denen verschiedene Planeten oder Himmelsgestirne gewidmet waren. Kurz gesagt: Die Menschen glaubten an vieles, was sich heute mit verschiedenen, stark vertretenen Religionen nicht vereinbaren lässt: zum Beispiel mit dem Christentum und dem Islam.

## Astrologie und das Christentum

Bevor wir auf die genauen Zeiträume blicken, wollen wir uns zunächst mit der christlichen Weltanschauung und dem Glauben beschäftigen. In der christlichen Schöpfungslehre des Alten Testaments kosteten Adam und Eva den Apfel der Weisheit und wurden daraufhin aus dem Paradies verbannt. Hier offenbart sich eine der größten Differenzen zwischen dem Christentum und den Grundsätzen der Astrologie. Während ersteres den freien Willen als Zentrum der menschlichen Entscheidung und deren Konsequenzen in den Fokus stellt, geht die Astrologie davon aus, dass die Himmelskörper direkten Einfluss auf uns haben und sogar bei der Geburt unser Schicksal bestimmen. Dennoch gibt es einige Zusammenhänge zwischen den Sternen und der christlichen Religion. Im Neuen Testament lassen sich die drei Könige vom Stern zu Betlehem (auch Dreikönigsstern genannt) zu Jesus' Krippe führen. Hier ist ein Stern Zeichen des göttlichen Willens. Jesus selbst wird oftmals mit dem Kopf vor einem kreisförmigen Licht dargestellt. Würden wir einem Bürger des antiken Mesopotamiens solch ein Bildnis zeigen, würde er eine göttliche Macht, repräsentiert durch die Sonne, erkennen. Vermutlich würde er in Jesus seinen ihm bekannten Gott Šamaš erkennen, der ein Sonnengott ist. Auch das größte christliche Fest, Weihnachten, welches in der Nacht vom 24. auf den 25. Dezember stattfindet und Christi Geburt feiert, hat seinen Ursprung in den Sternen, genau genommen in dem julianischen Kalender, der als reiner Solarkalender geführt war. In dieser Nacht vollzieht sich die Wintersonnenwende.

**Infobox:**

Der julianische Kalender wurde von Julius Caesar 45 v. Chr. im Römischen Reich eingeführt und später um das Jahr 1582 n. Chr. durch den genaueren gregorianischen Kalender ersetzt. Dieser ist dem Papst Gregor gewidmet und nach ihm benannt.

In der Wintersonnenwende erreicht die Sonne ihren geringsten Punkt am Horizont um die Mittagszeit. Das ist ihr niedrigster Extrempunkt im Jahr und der kürzeste Tag. Danach werden die Tage wieder länger, bis die Sonne Ende Juni wieder ihren höchsten Extrempunkt erreicht. Das wird die „Sommersonnenwende" genannt, die Tage werden dann wieder kürzer. Die Wintersonnenwende fällt nach der Einführung des gregorianischen Kalenders nunmehr auf den 20. oder 21. Dezember. Die traditionellen Weihnachtsfeiertage wurden jedoch beibehalten.

Im Christentum finden sich also einige Verbindungen zu den Sternen, die auch andere, antikere Kulturen gesehen haben. Blicken wir in die Bibel, zeigt sich, dass das Wort Astrologie jedoch fehlt. Stattdessen gibt es Indizien dafür, dass die Deutung der Sterne „Wahrsagerei" genannt wurde.

Es zeigt sich bereits, dass die Astrologie und das Christentum ein kompliziertes Verhältnis zueinander hatten.

**Doch wieso entstand solch eine Kluft zwischen dem Christentum und der Astrologie?**

Anders also als in anderen Kulturen, in denen die Verbindung zu den Sternen als gegeben und sogar als hilfreich angesehen wurde, duldete das Christentum keine andere Deutungshoheit neben sich. Die Sterne und das vorbestimmte Schicksal der Menschen passten nicht in das Konzept des freien Willens und des anschließenden göttlichen Urteils. Es sollten nur die in der Bibel erwähnten Heiligen angebetet und um Rat gefragt werden, nicht die durch das Heidentum propagierten Sterne. Als im Jahr 380 n. Chr. das Christentum im alten Rom zur Staatsreligion ernannt wurde, wurden alle bis dato gekannte Glaubensrichtungen und Weltanschauungen verboten. Damit auch die angewandte Astrologie, die als Heidentum und Aberglaube verpönt war. Bestenfalls wurde Astrologie noch als antikes, geistiges Erbgut toleriert. Für die Bevölkerung in Rom, insbesondere für die Adeligen, war das eine massive Einbuße, denn ihr persönliches Horoskop zu kennen, war für sie von enormer Wichtigkeit. Horoskope galten als Statussymbol, Planungskalender und beliebtes Gesprächsthema.

Werfen wir einen Blick in den Alltag der Adeligen, waren die Horoskope eines der wichtigsten Bestandteile. Die Astrologen wurden als Gelehrte und Fachspezialisten angesehen und genossen einen hohen Status unter den Adeligen, die sich deren Erstellung leisten konnten. Den Adeligen wurden ihre persönlichen Horoskope erstellt und auf Papier ausgeschrieben, so dass sie diese immer zur Hand hatten. Die Horoskope halfen ihnen, wichtige Entscheidungen zu bestimmten Zeitpunkten zu treffen, gaben ihnen Rat und Hilfestellungen durch den Alltag.

## Astrologie im Mittelalter

Es folgt die Zeit des Mittelalters in Europa von ca. 400 n. Chr. bis ca. 1500 n. Chr. Vorrangig herrschte das Christentum, genauer gesagt die katholische Kirche, mit eiserner Hand über Glauben und Weltanschauung. Diese war geprägt von einer nahen Auslegung der Bibel. Neben dem Willen Gottes und dessen Interpretation durch die Geistlichen gab es keinen Platz für die zu der Zeit als „Wahrsagerei" eingestufte Astrologie. Die Menschen hatten Angst vor den Konsequenzen, falls sie als Hexen, Zauberer oder Wahrsager angeklagt wurden. Wer dessen beschuldigt wurde, konnte sich seines Todes sicher sein. Daher wurde die Astrologie durch Mangel an Anwendung, an darauf spezialisierten Gelehrten und an weiterer Entwicklung, wenn überhaupt, nur in verschlossenen Räumen thematisiert.

Gleichwohl bediente sich die Kirche einiger Werkzeuge der Astrologie und Astronomie. Im Jahr 1472 wurde in der St. Marienkirche in Rostock eine astronomische Uhr gebaut, die bis heute noch funktioniert. Neben der Uhrzeit zeigt sie die Osterzeit, die Mondphasen, die jeweiligen Tierkreiszeichen sowie die Monatsbilder an.

**Woher hatten die Erbauer der Uhr derart detaillierte Kenntnisse über die Bewegung der Himmelskörper?**

Im Jahr 1453 endete das Byzantinische Reich mit der Eroberung Konstantinopels durch die Osmanen. Durch diese Umstände waren viele Gelehrte lange vor dem Fall von Konstantinopel gezwungen, im Westen Schutz zu suchen. Mit sich brachten sie ihre Studien und Aufzeichnungen, von denen einige ihren Ursprung in Mesopotamien, Griechenland, Rom und Ägypten hatten. Ein neues Zeitalter begann, während das Mittelalter langsam seinen Abschluss fand.

## Astrologie in der Renaissance

Bereits ab dem Jahr 1400 begann das Zeitalter der Renaissance, welches übersetzt „wiedergeboren oder wiedererweckt" bedeutet. Ihren Ursprung finden wir in Italien. Hier fanden antike Schriften und antikes Gedankengut großen Anklang. Der uns bereits bekannte Ptolemäus erfuhr durch seine Werke eine Sonderstellung und wurde für viele Wissenschaftler zum alleinigen Maßstab korrekter astrologischer Theorien.

Dank des Buchdrucks, der im Jahr 1450 durch den Goldschmied und Münzpräger Johannes Gutenberg im vollen Einsatz war, konnte unter anderem eines der Hauptwerke Ptolemäus', „Tetrabiblos", schnell vervielfacht und in Umlauf gebracht werden. Vor der Erfindung des Buchdruckes war es lediglich Gelehrten möglich – in mühevoller Kleinarbeit, die auch einige Jahre in Anspruch nahm –, Bücher händisch zu kopieren.

Problematisch hierbei war, dass die Astrologen immer mehr nach Prognosen befragt wurden, die teilweise in die von der Kirche verbotenen Wahrsagung und Hellseherei umgedeutet werden konnten.

Es kam zu einem Tanz auf glattem Eis. Die Astrologie wurde dank der Arbeiten von Thomas von Aquin, der hier nicht unerwähnt bleiben soll, von der Kirche unter bestimmten Voraussetzungen akzeptiert. Im Jahr 1323 wurde Thomas von Aquin heiliggesprochen, als er ca. ein Jahrhundert vorher aus der Kirche verbannt wurde. Seine Schriften durften sogar gelehrt werden. Der Grund dafür war, dass er die Astrologie mit einem philosophischen und naturwissenschaftlichen Auge betrachtete und die Glaubenssätze der Kirche einbettete, statt diese als gegensätzlich zu behandeln.

**Infobox:**

Thomas von Aquin, geboren 1224 (verstorben 1274) in Aquino, Italien, wurde bereits im Alter von fünf Jahren in einem Benedikterkloster aufgenommen und schlug von dort an die kirchliche Laufbahn ein. Während seines Studiums in Neapel schloss er sich dem Orden der Dominikaner an. Er war einer der größten Gelehrten seiner Zeit. Sein Hauptwerk war das Buch „Summa Theologica", in dem er die fünf Wege aufzeichnete, in denen er Gottes Existenz logisch belegen wollte. Sein Hauptaugenmerk lag dabei auf der Synthese: die Vereinigung zweier gegensätzlicher Richtungen, wie Glaube und Wissenschaft. In diesem Fall war es Glaube und Astrologie. Sein Leitsatz war, dass Gott unstreitig die Welt geschaffen hat. Um sie aber zu begreifen, braucht es die Wissenschaft, also dessen Erleben und Auswirkungen auf uns.

So lehrte er beispielsweise, dass in dem menschlichen Körper die unsterbliche Seele lebt, was konform mit der Kirche einhergeht, er jedoch die Welt und natürliche Ereignisse mit dem Körper und den Sinnen erfährt – so zum Beispiel auch die Auswirkung der Planeten auf uns, was sich mit der Lehre der Astrologen verbinden lässt. Die Zukunftsdeutung hingegen lehnte er ab. In seinen Schriften zeigt er sich im Einklang mit dem Glauben der Kirche, dass es den Menschen nicht bestimmt sei, ihr Schicksal zu kennen, dies sei allein Gott vorbehalten.

Thomas von Aquin ebnet also den Weg dafür, dass Kirche und Astrologie – zumindest bestimmte Felder davon – koexistieren konnten. Die Renaissance stellt diesen langsam einkehrenden Frieden auf eine harte Probe. Die Kirche lehnte die Prognostik durch die Astrologie entschieden ab.

Die Schwierigkeiten zeigten sich zur Zeit der Reformation auch in Deutschland. Schauen wir uns dazu eine besondere Freundschaft an: die zwischen den Universitätsprofessoren Martin Luther und Philipp Melanchthon. Letzterer soll über Luther gesagt haben: „Ich würde lieber sterben, als von diesem Manne getrennt zu sein."

So tief die Freundschaft und die Zuneigung zueinander waren, so verschieden waren ihre Meinungen über die Astrologie. Melanchthon als

Universalgelehrter studierte in jungen Jahren unter anderem auch die Wissenschaft der Astrologie, während Luther aus theologischen, also religionswissenschaftlichen Gründen die Astrologie zur Gänze ablehnte. Auch er glaubte an die Macht des freien Willens, die Gott den Menschen geschenkt hat. Dies passte nicht zu der Meinung, dass das Schicksal der Menschen durch die Sterne bereits seit ihrer Geburt bestimmt war.

**Infobox:**
Universitätsprofessor und Augustinermönch Martin Luther (1483-1546) erreichte die Reformation (Neugründung) der christlichen Kirche, indem er die damaligen Verhältnisse in seinen Schriften und Flugblättern anprangerte. Beispielsweise wurden Ämter der Kirche nicht an die Besten vergeben, sondern an diejenigen, die am meisten zahlten. Dadurch wurden Ämter auch an Geistliche vergeben, die verheiratet waren, was damals für Inhaber kirchlicher Ämter streng verboten war. Die Menschen wurden durch die Kirche mit Angst und Schrecken regiert.

Unterstützt durch viele Adelige, überreichte Luther im Jahr 1530 das Augsburger Bekenntnis an den Kaiser. In diesem Schreiben bekannten sich mehrere Grafen zu der Reformation und der lutherischen Kirche in Abspaltung zu der katholischen Kirche. Es entstehen zwei Lager in Deutschland und Europa: Katholiken und Protestanten.

Folgende Kurzgeschichte über einen Ausflug der beiden Freunde ist überliefert: Eines Abends waren Luther und Melanchthon auf dem Heimweg. Kurz vor dem Ziel wurde Melanchthon unruhig und wollte nicht mehr weiter. Grund dafür war, dass sie, um heimzukommen, eine Brücke überqueren mussten. Luther fragte ihn erstaunt, ob er denke, Gott ließe die Brücke einstürzen, wenn beide sie überqueren. Melanchthon erwiderte, Gott vielleicht nicht, aber ihm habe ein Astrologus geraten, große Wasser nach Sonnenuntergang zu meiden. Sie einigten sich darauf, noch in eine Wirtschaft zu gehen, um Melanchthons Bedenken Rechnung zu tragen und um Luthers Durst sowie den Ärger über seinen – wie er fand – abergläubischen Freund mit einem kalten Bier zu löschen. Luther soll den

Abend mit folgenden Worten abgeschlossen haben: „Philipp, du schaust in die Sterne und ich schaue auf den Grund meiner Kanne Bier. Das Ergebnis ist das Gleiche: Du kommst nicht nach Hause, weil du Angst vor dem Wasser hast, und ich nicht, weil ich zu viel getrunken habe."

Trotz der Differenzen hielt die Freundschaft ein Leben lang. Nach dem Tode Luthers war es Melanchthon, der die Belange der Reformationskirche weiter vorantrieb.

Kann man in der Freundschaft zwischen Luther und Melanchthon eine Symbolik der komplizierten Beziehung zwischen Astrologie und Kirche sehen? Möglicherweise. Dennoch waren beide wichtige Teile der damaligen Welt und haben die Menschen auf den Pfad gebracht, der in die Welt, wie wir sie heute kennen, mündet.

## Astrologie und das Zeitalter der Aufklärung

Bewegen wir uns in der Geschichte fort, zum nächsten großen Meilenstein der Astrologie: der Zeit der Aufklärung (zwischen 1700 und 1800). Führen wir uns noch einmal den Zeitgeist der Bevölkerung zu Gemüte, so konnte diese die Lasten in finanzieller, aber auch in geistlicher Form durch die Kirchen und die Landesherren nicht mehr tragen. Es gab zu viel der Furcht, des Zwanges und des unselbstbestimmten Lebens.

Die Menschen fingen an, vieles zu hinterfragen, wie: „Kommen wir wirklich in die Hölle, wenn wir nicht die Abgaben an die Kirche zahlen?" und „Wieso können wir als Arbeiter und Bürger nicht mehr Rechte einfordern und selbstbestimmter leben?"

Die Aufklärung war das Ergebnis einer langen Zeit der Alleinherrschaft durch Kaiser und der Weltanschauung der Kirche, welche insbesondere auf Angst und Schrecken basierte. Es folgte eine Zeit, in der große Gelehrte wie der Philosoph Immanuel Kant (1742-1804) Gehör bei den Bürgern fand. Er und viele weitere Gelehrte verstanden sich als Botschafter erhellender Wissenschaften, nach dem dunklen Mittelalter. Der Verstand sollte das oberste Gut sein, nicht mehr der Glaube der Kirche.

Dadurch fingen auch die Wissenschaften an, sich neu zu definieren. Es lag viel mehr Fokus auf der Beweislegung als auf der reinen Annahme. So würden die Gelehrten der Aufklärung die Kirche dazu auffordern, die Existenz von Gott zu beweisen und auch, dass Menschen in die Hölle kämen, führten sie ein sündiges Leben.

In Bezug auf die Astrologie waren die Fragen weniger konfrontativ und bei Weitem mit weniger Konsequenzen verbunden als das Hinterfragen der Kirche. Dennoch fand als Folge der aufklärerischen Fragen die Abspaltung zwischen Astronomie und Astrologie statt, die bis zum 17. Jahrhundert miteinander verwoben waren. Mehr noch, bis dahin wurde Astronomie lediglich als Handwerk der Astrologie genutzt. Die Folge war, dass nun Gelehrte versuchten, die Sternenkunde zu beweisen, während Sterndeutung von nun an ohne Beweis galt.

Als Referenz eignet sich der berühmte Galileo Galilei (1564-1642), der als Mathematiker und Astronom aus keinem Schulbuch mehr wegzudenken ist.

Er wuchs in einer Welt auf, in der die Kirche lehrte, dass die Erde das Zentrum des Universums war und alle anderen Himmelskörper sich um die Erde drehten. Nachdem Galileo das Fernrohr modifiziert und dadurch detailliertere Erkenntnisse gewonnen hatte und sich mit den Lehren des Nikolaus Kopernikus (1473-1543) beschäftigte, kam er zu demselben Schluss wie Kopernikus. Nicht die Erde war das Zentrum des Universums. Vielmehr war es die Sonne und alle anderen Planeten, auch die Erde, drehten sich um die eigene Achse sowie um die Sonne. Aufgrund dieses verschriftlichten Ergebnisses wurde Galileo vor der Inquisition der katholischen Kirche wegen Ketzerei angeklagt. Sie entgegneten ihm, dass in diesem Falle die Erdbewohner einen Drehwind spüren würden und Gegenstände nicht gerade nach unten, sondern diagonal fallen würden. Galileo ruderte etwas zurück, aber der Schaden war bereits angerichtet. Der Papst verstand seine Schriften als persönlichen Affront gegen ihn und so wurde er verurteilt. Da er bis dato ein hochgeschätzter Gelehrter war, blieb ihm der sichere Tod erspart. Er lebte fortan bis zum Ende seines Lebens im Jahr 1642 unter Hausarrest und bewacht durch die

Inquisition. Erst im Jahr 1992 wurde Galileo Galilei durch die Kirche rehabilitiert und ging als großer Geist in die Geschichte ein. Seine letzten Worte nach Ausspruch des Urteils sollen gewesen sein: „Und sie bewegt sich doch."

## Astrologie in der Neuzeit

Wir kommen langsam in der Gegenwart an. Die neuste Neuzeit beginnt im Jahr 1789 und gilt bis heute. Wie wir im letzten Kapitel erfahren haben, werden Astronomie und Astrologie nun getrennt betrachtet. Zum ersten Mal, seit die Menschen begannen, mehr in den Sternen zu sehen als nur leuchtende Zeichen als Himmel, werden wir Erkenntnisse über die Astrologie in einer wissenschaftlichen Trennung der Astronomie gewinnen.

Doch in welchem Zusammenhang wird Astrologie heute nun betrachtet? Von welcher Position aus, wenn nicht von jener der Sternenkonstellationen, wollen wir Wissen aus der Astrologie ziehen?

Da wir nun nicht mehr unter den Ketten von Alleinherrschern und monopolisierter Weltanschauung leben müssen, zeigt sich immer mehr, dass die Menschen der Astrologie verschiedene Bedeutungen beimessen. Unter der New-Age-Bewegung erfuhr die Astrologie eine gegenchristliche und okkulte Bedeutung.

**Infobrox:**
New Age bedeutet Neues Zeitalter und handelt von einer populären Strömung, die sich schwer auf ein Kernthema fixieren lässt. Einige bedeutende Kerngedanken davon sind Paradigmenwechsel, welche sich auf der sozio-politischen Ebene verstehen lassen, kosmisches Bewusstsein (nicht unähnlich den Lehren der antiken griechischen Philosophen) und Transformation, welche sich im Bereich der spirituellen Persönlichkeitsentwicklung bewegt.

Seit den 1950er Jahren verbreitete sich die New-Age-Bewegung, die sich mit der Frage nach einem glücklichen und erfüllten Leben beschäftigte. New Age, das neue Zeitalter, bezieht sich auf das Zeitalter des Wassermanns, auch das goldene Zeitalter genannt.

Mit der Geburt Christi trat übrigens das Zeitalter der Fische ein. Das Zeichen des frühen Christentums ist daher auch ein Fisch. Um die Jahrtausendwende soll sich der Zeitalterwechsel, der ca. alle 2.000 Jahre stattfindet, von Fische auf Wassermann vollzogen haben. Selbst in der Bibel gibt es Indizien dafür. Der Fisch als Symbolik wird im Neuen Testament oft erwähnt. So hat Jesus die Menschen mit Fischen und Brot ernährt. Die Ersten, die Jesus folgten, waren zwei Fischer. Im Evangelium nach Lukas 22 schickt Jesus seine zwei Apostel Petrus und Johannes in die Stadt, um das letzte Abendmahl vorzubereiten. Er sagt ihnen: „Wenn ihr in die Stadt kommt, wird euch ein Mann begegnen, der einen Wasserkrug trägt. Folgt ihm in das Haus, in das er hinein geht.“ Hier ist leicht zu erkennen, dass es sich um Aquarius, den Wassermann, handelt. Diese Passage könnte ein astrologischer Hinweis darauf sein, dass auf die Ära der Fische, die mit der Geburt Christi begann, die Ära des Wassermanns folgt.

Nachdem die Menschen viele Jahrhunderte unter Kriegen litten, Alleinherrschern, die dogmatisch Glaubensrichtungen vorgaben, und unter einer Kirche, die in den Menschen die Angst vor dem ewigen Fegefeuer auslöste, hofften viele auf eine drastische Änderung im neuen Zeitalter des Wassermanns. Die Menschen strebten nach Zusammenhalt, Harmonie, Frieden und neuem Wissen. Letzteres erhofften sie sich nun durch die Lehren aus anderen Kulturen, insbesondere den fernöstlichen, wie dem Buddhismus und Hinduismus. Meditationen, sich selbst kennenlernen und seinen Geist öffnen, dies waren nur einige der spirituellen Themen, die in der New-Age-Bewegung Popularität fanden. Die Astrologie, die bis dahin teilweise sogar verboten war (beispielsweise in den USA), wurde für die freiheitsliebenden und nach mehr alternativen Wissen strebenden Menschen zu einem der interessantesten Themen.

Die Zwillingswissenschaft hingegen – die Astronomie – wird sogar an vielen Universitäten gelehrt, ebenso deren verwandte Felder wie die

Astrophysik. Ob und inwieweit die Trennung sich als sinnvoll erweist, wird wohl die Zeit zeigen.

Die Auswirkungen der alten Wissenschaft der Astrologie ist heute dennoch überall spürbar. Die meisten Menschen kennen ihr Sternzeichen und haben öfter gespannt ihr Tageshoroskop in Illustrierten gelesen, als sie zugeben. Allein der Zugang zu solchen Informationen ist, rückblickend durch die Epochen betrachtet, ein bislang unbekannter Luxus.

Jeder Mensch kann auf die Dienste der Astrologen zugreifen und diese in Anspruch nehmen, ohne Konsequenzen zu befürchten. Was sich jeder davon verspricht und mit welchen Fragen man dorthin geht, ist so individuell wie der Mensch selbst.

Wir sind gemeinsam in die Vergangenheit gereist, lagen neben dem jungen Hirten in der drückenden Abendluft Mesopotamiens und hörten den Philosophen im alten Griechenland zu, wie sie ihre Theorien in Übereinkunft mit der Astrologie brachten. Wir blickten über die Silhouetten der Pyramiden hinweg in die Sterne und hofften, der Gott Anubis möge milde gestimmt sein. Wir saßen am Tisch mit den Adeligen im antiken Rom und schauten zu, wie sich diese mit handgemachten Horoskopen schmückten. Wir flüsterten im Mittelalter leise mit einfachen Bauern über die Macht der Sterne, voller Angst, dabei erwischt zu werden, und konnten anschließend unser Wissen mit vielen neugierigen Zuhörern teilen, die die Renaissance mit sich brachte. Wir sahen zu, wie sich die zwei Lager der christlichen Kirche bildeten, Schulter an Schulter angeführt von den Freunden Melanchthon und Luther.

Nun blicken wir auf eine letzte, übrig gebliebene Figur: auf Sie. Welche Fragen haben Sie an die Sterne? Welche Weisheit erhoffen Sie sich von ihnen?

Lassen Sie uns in den folgenden Kapiteln herausfinden, ob Sie Antworten auf Ihre Fragen finden.

# POTENTIALE DER ANGEWANDTEN ASTROLOGIE

Nachdem wir uns nun die Biografie der Astrologie von ihren Ursprüngen bis in die Gegenwart angeschaut haben, werden Sie sich vielleicht zu Recht fragen: Was hat das alles mit mir zu tun?

Viele vor Ihnen, die mit der Astrologie und ihren vielen Facetten an Bedeutungen für das Leben in Berührung kamen, nahmen sie als Stütze und Ratgeberin dankbar an. Seien es berühmte Persönlichkeiten, die sie nicht nur für persönliche Fragen in Anspruch nahmen, sondern auch als Karriereberaterin ansahen, oder gewöhnliche Menschen, die noch immer die Sterne als Wegweiser nutzen, um zu bestimmten Zeiten wichtige Entscheidungen zu treffen. Manche wollen sich auch von ihren Horoskopen inspirieren lassen und den Blick nach innen wenden, um damit zu entdecken, welche Lebensfragen sie überhaupt beschäftigen – unabhängig von der Antwort. Auch viele Wissenschaftler entdecken immer mehr Parallelen zwischen der Astrologie und anderen Fachgebieten, ähnlich den Universalgelehrten in der Antike.

Je mehr wir uns Antworten durch die Astrologie erhoffen, desto mehr müssen wir uns mit ihrer Anwendung beschäftigen und von der Theorie in die Praxis einsteigen. Viele vor uns haben das bereits getan und ihre Ergebnisse mit der Welt geteilt. Wie bereits in der Antike können wir diese Ergebnisse als Datensammlung ansehen und darauf zugreifen, um die Astrologie besser zu verstehen und sogar weiterzuentwickeln. Werden wir etwas konkreter und schauen uns das Leben einer der berühmtesten Persönlichkeiten an, welche die Astrologie als Hilfe und Ratgeberin nutzte, um eine der größten Weltmächte zu regieren: die Vereinigten Staaten von Amerika.

## Astrologie und das Weiße Haus

Die Rede ist von dem US-amerikanischen Präsidenten Ronald Reagan, der von 1981 bis 1989 als 40. Präsident die Vereinigten Staaten regierte.

Bis Reagan als Gouverneur für Kalifornien in die Politik einstieg, war er als Hollywood-Schauspieler und Show-Master bekannt. Wie in Hollywood zu seiner Zeit (und bis heute) üblich, war Astrologie sehr verbreitet. Schauspieler, Produzenten und weitere Mitarbeiter ließen sich regelmäßig Horoskope erstellen und versuchten, ihre Termine an – laut Horoskopen – günstigen Tagen wahrzunehmen.

So auch Reagan. Selbst bei seiner Vereidigung als Gouverneur im Jahr 1967, die eigentlich um Mitternacht stattfinden sollte, verzögerte der angehende Amtsinhaber die Unterschrift bis 00:10 Uhr. Sein Astrologe hatte ihm zu dieser Uhrzeit geraten.

**Infobox:**

Ronald Reagan war als Schauspieler und Showmaster von 1945-1964 tätig. Zu seinen berühmtesten Werken gehören das Drama „Gezählte Stunden“ aus dem Jahr 1949, „Alter schützt vor Liebe nicht“ aus 1950 und viele mehr. Nach seiner Zeit in Hollywood wurde er im Jahr 1967 zum Gouverneur von Kalifornien gewählt. Dieses Amt nahm er bis zum Jahr 1975 wahr. Er gehörte der republikanischen Partei an.

Reagan verstarb im Alter von 93 im Jahr 2004 in Los Angeles.

Reagans bereits bis dahin ausgeprägte Neigung zur Astrologie fand einen starken Aufschwung durch ein traumatisches Ereignis, das einige Wochen nach seiner Einführung als Präsident stattfand.

Im März 1981 wurde er Opfer eines Anschlags. Ein geistig verwirrter Mann eröffnete das Feuer auf ihn. Reagan entkam knapp. Er wurde zwar durch einen Schuss verletzt, kam aber mit dem Leben davon.

Das Erlebnis schockierte nicht nur ihn nachhaltig, sondern auch die First Lady, Nancy Reagan. Die First Lady war davon überzeugt, dass dieser Anschlag hätte durch eine Konsultation ihrer Astrologin verhindert werden können. Nachdem die First Lady ihre Astrologin kontaktierte, bestätigte diese, dass sie den Präsidenten rechtzeitig gewarnt und ihm von der Wahrnehmung öffentlicher Geschäfte an diesem Datum und zu der Uhrzeit abgeraten hätte. Da sie jedoch kein Horoskop vorab erstellt hatte, wusste sie nichts von der drohenden Gefahr. Von nun an nahm die Bedeutung der astrologischen Beratung einen unvergleichlichen Stellenwert für die First Lady an.

Obwohl zu der Zeit Astrologie in Kalifornien verboten war (ein Verbot, das Präsident Reagan kurze Zeit später selbst abschaffte), ließen sich der Präsident und die First Lady nun regelmäßig von ihrer persönlichen Astrologin beraten. Auch in der Wahrnehmung der Amtsgeschäfte orientierte sich der Präsident an den Ratschlägen der Astrologin. Für seine Mitarbeiter war dies eine herausfordernde Zeit. Termine wurden regelmäßig in letzter Minute abgesagt oder verschoben, denn alles sollte zum „richtigen Zeitpunkt" geschehen.

Was bedeutet eigentlich der „richtige Zeitpunkt?" Blicken wir auf die Eigenschaften der Planeten, die wir bereits kennengelernt haben, kommt es darauf an, in welchem Verhältnis die Himmelskörper zueinander stehen. Manche Konstellationen sind für Verhandlungen oder das Treffen für Entscheidungen besser als andere. Wenn es zum Beispiel darauf ankommt, geduldig und weise zu sein, sollte der Einfluss des Mars mit seinen Eigenschaften der Härte und Leidenschaft umgangen werden. Sofern – laut astrologischen Berechnungen – dieser also zu einem bestimmten Zeitpunkt den größten Einfluss hat, so wäre dieser Termin für gütliche Verhandlungen zu meiden.

Hilfreich war es auch, das Horoskop der Personen zu kennen, mit denen interagiert wird. Aus diesem Grund ließ Reagan vor einem wichtigen Treffen zwischen ihm und dem Präsidenten der sowjetischen Union, Gorbatschow, dessen Horoskop erstellen. Die Astrologin riet Reagan daraufhin zu einer offenen, emphatischen Kommunikation zu einem Zeitpunkt, an dem auch die Planetenkonstellation diese verstärken sollte. Das Treffen wurde ein Erfolg und diente als erster Schritt – gebaut auf gegenseitiger Sympathie – in Richtung Mauerfall.

Die politischen Ergebnisse sind sicherlich nicht als unmittelbare Leistung einer Astrologin zu sehen, denn sie hatte keinen direkten Einfluss auf die Entscheidungen und politischen Lenkungen des Präsidenten. Ihre Ratschläge bezogen sich ausschließlich auf die richtigen (oder falschen) Zeitpunkte, um diese Entscheidungen zu treffen oder bekanntzugeben. Und erinnert uns das nicht an die Ursprünge der Astrologie?

Denken wir zurück an die Menschen in Mesopotamien, so versuchten sie, Antworten zum richtigen Zeitpunkt auch in den Sternenkonstellationen zu finden – zum Beispiel, um zu säen oder zu ernten.

Das Potential der Astrologie wurde also Jahrtausende später noch in einem der mächtigsten Orte der Welt gesehen: im Weißen Haus.

## Astrologie und Psychologie

In der heutigen Zeit hat sich die Astrologie weiterentwickelt. Eine interessante Entwicklung, die seit geraumer Zeit an Bedeutung zunimmt, ist dabei die Betrachtung der Astrologie unter psychologischen Aspekten. Denken wir hierbei an die Geburtshoroskopie, beschäftigt sich diese vor allem mit den folgenden Fragen:

- Welche Eigenschaften sind den Menschen angeboren?
- Wohin geht ihr Weg möglicherweise, in Anbetracht der Fähigkeiten und Prägungen, die dieser Mensch von Geburt an hat?

Diese Fragen stellt sich auch die Psychologie, allerdings zu einem anderen Zeitpunkt. Während die Geburtshoroskopie am Anfang eines Menschenlebens angewandt werden kann, um gewisse Möglichkeiten für die Zukunft zu erkennen, beschäftigt sich die Psychologie eher mit der Nachbetrachtung. Dies ist unter anderem in der Natur der Psychologie als Wissenschaft begründet, da diese eher mit empirischen Daten arbeitet und das Verhalten der Menschen erforscht. Diese Daten können erst erhoben werden, wenn sie durch Erlebnisse entstanden sind. Die Astrologie unter dem Gesichtspunkt der Psychologie ist rein *anthropozentrischer* Natur, das bedeutet, der Mensch ist dessen Mittelpunkt und nicht

– wie in der antiken Zeit – beispielsweise das Schicksal einer ganzen Bevölkerung oder Nation.

Das einzelne Individuum soll mithilfe der Astrologie zu mehr Selbsterfahrung und Selbsterkenntnis finden. Es geht darum, eine treffende Selbsteinschätzung in Bezug auf Stärken, Schwächen und Fähigkeiten vorzunehmen, und darum, welchen Einfluss diese auf unserem Lebensweg nehmen. Vielleicht auch interessant für Sie: Die astrologische Psychologie kann sogar als Studienfach an Fernuniversitäten belegt werden.

So zum Beispiel in London, am Zentrum für astrologische Psychologie. Eine Persönlichkeit, die diesen Aspekt der Astrologie heute stark geprägt hat, ist Dr. Liz Greene, die das Zentrum in London leitet. Neben zahlreichen erschienenen Büchern zu diesem Thema hat Dr. Greene eine Symbiose zwischen beiden Wissenschaften gefunden und das erste *psychologische Horoskop* erstellt. Dieses entsteht aus Bestandteilen, wie

- psychologischer Typus,
- das Wesen des Individuums im Allgemeinen,
- Haupt- und Schattenfiguren, also das Bewusstsein und das Unbewusstsein,
- Beziehungsmuster und
- weitere Themen, die wir auch in beiden Wissenschaften finden, nur anders benannt, wie zum Beispiel die vier Elemente in der Astrologie, die in der Psychologie das Äquivalent zu der Grundhaltung sind.

Dr. Liz Greene lehrt, dass die Astrologie ein Werkzeug der Psychologie ist und nicht, wie in der Zeit des Mittelalters angenommen, ein Glaubenssystem, das in Konflikt mit anderen Religionen stehen würde. Auch hier werden Zukunftsprognosen nicht als Wahrsagerei definiert, sondern unter Gesichtspunkten der Psychologie, wie die der Verhaltenspsychologie – so können beispielsweise gewisse Ausgänge von Verhaltensmustern vorausgeahnt werden. Dies könnte so aussehen: Jemand, der im Zeichen des Elements Erde geboren wurde, nimmt die Welt laut des Modells von Carl Gustav Jung über die vier Wahrnehmungsfunktionen des „Ichs“ mit dem Empfinden wahr (die anderen drei sind: Denken, Intuition und Fühlen). Das Empfinden ist eine nicht wertende Funktion, so wie die Intuition, der das Element Feuer zugeordnet ist. Denken und Fühlen hingegen sind wertende Funktionen. Denken wird dabei das Element Luft zugeordnet und Fühlen das Element Wasser. Nun stellen Sie sich vor, wie zwei Personen miteinander sprechen würden. Denken (Luftzeichen) und Empfinden (Erdzeichen) – vermutlich würde der Typus Denken viel Rationales zum Thema haben, während der Typus Empfinden seiner Fantasie freien Lauf lässt. Dieses Verhalten könnte, sofern man den Typus kennt, durchaus vorab erwartet werden. Dieses Beispiel zeigt lediglich eine mögliche Verbindung zwischen der klassischen Astrologie und eines tiefenpsychologischen Modells, dem nach Carl Gustav Jung.

**Infobox:**

Dr. Liz Greene (geb. 1946) ist Jungsche Analytikerin und Doktor der Psychologie. Ihr Hauptgebiet ist die analytische Psychologie nach Carl Gustav Jung (1875-1961), die in der klassischen Tiefenpsychologie einzuordnen ist. Dabei geht es nicht nur darum, psychische Krankheiten zu erforschen, sondern auch, eine gesunde Psyche zu verstehen. Das Leitbild ist das „kollektive Unbewusste“, welches von einer allgemeinen Grundstruktur der tiefsten menschlichen Psyche ausgeht. Im Jahr 2010 wurde Liz Greene der Doktortitel in Psychologie verliehen. Als weitere Qualifikation hält sie ein Diplom in der Fakultät für Astrologische Studien.

Sind Sie bereits neugierig auf das psychologische Horoskop geworden? Dann lassen Sie uns anhand eines stichpunktartigen Beispiels schauen, wie eines aussehen könnte und welche Themen dieses konkret beinhaltet. Nehmen wir dazu eine Person, die am 7. November 1989 um 21:45 in Osteuropa geboren wurde.

**Der Psychologische Typus**

• Typische, charakteristische Art und Weise, wie die Person auf das Leben zugeht

• Das Temperament oder die Grundveranlagung

• Mit Geduld, Realitätssinn und der Fähigkeit, die menschlichen Grenzen zu akzeptieren, zeigt sich diese Person mitfühlend, verlässlich und praktisch, mit einer sehr sinnlichen Natur und offen für die Bedürfnisse und Schmerzen aller Menschen.

• Talent: oft unbewusstes instinktives Steuern emotionaler Stimmungen, die andere stark beeinflussen können

**Hauptfiguren und Schattenfiguren**

• Beschreiben die wesentlichen Persönlichkeitsanteile

• Der Körper weilt hier auf Erden, doch der Geist schwebt in höheren, ätherischeren Bereichen.

• Als sensible und idealistische Person fühlt sie sich in den Grenzen und Beschränkungen des materiellen Lebens nicht ganz wohl.

• Sie reagiert stark auf Traurigkeit und Leid, durch verankerte Melancholie und ein tiefes Mitempfinden mit der menschlichen Tragik.

• Verborgene Anteile
Die verborgene Seite der Persönlichkeit schließt folgenden Bereich Ihres Körpers ein:

• Instinkte, eine sinnliche Natur und den unterdrückten Materialismus. Die Schattenseite der Natur dieser Person kann ein innerer Feind sein, wenn sie mit dieser verborgenen Seite keinen Frieden schließt.

• Eine Nebenfigur
Die Person wird ihren Ängsten immer ins Auge blicken, anstatt komplizierte Abwehrmechanismen zu entwickeln.

**Familiärer Hintergrund**

- Hier werden Familienmythen behandelt sowie das Bild, das von den Eltern und deren Beziehung entstanden ist.
- Die Person wird gegen die traditionelle Weltanschauung, die in ihrer Familie von Generation zu Generation weitergegeben wurde, rebellieren.

**Beziehungsmuster**

- Haltungen, Bedürfnisse und typische Muster in engen Zweierbeziehungen.
- Die Person lebt in einer magischen, ätherischen Welt. Daher braucht sie eher das stabilisierende Gleichgewicht von Partnerschaften, die in der Erde fest verwurzelt sind.

**Wachstum und Integration**

- Wachstumsmöglichkeiten
- Diese Abschnitte enthalten einige Vorschläge, wie durch bewusste Anstrengung eine bessere Harmonie zwischen den Teilaspekten Ihrer Persönlichkeit erreicht werden könnte. Eines der Ziele ist die Stärkung des Zentrums, des bewussten Ich, das die Psychologie Ego nennt.
- Eine bessere Harmonie zwischen den Teilaspekten der Persönlichkeit dieser Person kann dadurch erzielt werden, dass aktiv an dem Bewusstsein, an dem psychologischen Ich, gearbeitet wird.

Anhand dieses Auszugs aus einem eigentlich 25 Seiten langen Horoskop – das mit den astrologischen Daten abschließt, die zur Erstellung des Horoskops verwendet wurden, wie Planetenstellungen und Häuserstellungen (über die wir in den späteren Kapiteln mehr erfahren) – können Sie sich ein Bild über das moderne psychologische Horoskop machen.

Insbesondere ein Aspekt wird hier als besonders wichtig erachtet: In dem Moment, in dem ein Individuum sich mit den Fragen über sich selbst beschäftigt, kommt es nicht unbedingt auf die Antwort an – denn

Antworten erhält man aus verschiedenen Fachbereichen: aus der Psychologie, Anthropologie, Astrologie oder einer Mischung aus allem. Es geht vielmehr darum, dass der Mensch mehr über sich selbst erfahren möchte. Und welche konkreten Fragen sich ergeben, zeigt bereits die Tendenz, in welche Richtung dieser Weg der Selbsterkenntnis gehen soll. Die Fragen könnten sich nach innen richten, *„Wieso reagiere ich so in dieser Situation?"*, oder nach außen, *„Wie werde ich wahrgenommen?"*. Die Astrologie ist ein möglicher Weg zur Beantwortung dieser Fragen.

**Vor diesem Hintergrund blicken wir erneut auf die Eingangsfrage: Was hat das alles mit mir zu tun?**

Die Antwort darauf werden Sie bei sich finden. Die Astrologie versteht sich heute als Angebot an die Suchenden, Denkenden und an jene, die hinter den Horizont blicken wollen. Denken wir da an eines der wichtigsten Lebensthemen: die Partnerschaft. Vielleicht hatten Sie sich diese Fragen bereits auch gestellt, insbesondere nach einer gescheiterten Partnerschaft:

- Was wäre der ideale Partner für mich?
- Was muss diese Person mitbringen, damit es zu einer langfristigen und glücklichen Partnerschaft kommt?
- Was muss ich dafür mitbringen und wo und wann treffe ich so eine Person?

Wenn Sie diese Fragen kennen, haben Sie sich vielleicht auch etwas Hilfestellung bei deren Beantwortung gewünscht. Weder die Astrologie noch die Psychologie kann den perfekten Partner nach Kundenwünschen erstellen. Beide können jedoch mit Blick auf die bestimmten Charaktereigenschaften zu passenden Persönlichkeiten raten bzw. von diesen abraten – und die Astrologie sogar zum richtigen Zeitpunkt, an dem Sie sich stärker auf die Partnersuche konzentrieren sollten. Hier bringt die Astrologie Licht ins Dunkle einer emotionalen und bedeutsamen Lebensfrage. Sie verhilft zu Struktur, indem sie dazu rät, sich auf bestimmte

Charaktereigenschaften zu konzentrieren und sich diesem Thema auch zu genauen Zeitpunkten zu widmen.

Aus psychologischer Sicht ist diese Struktur von großer Bedeutung. Denn anstatt im Dunkeln zu tappen, alles auf sich zukommen zu lassen und auf den besten Ausgang zu hoffen, haben Sie nun einen Wegweiser – einen Plan, den Sie verfolgen, bei dem Sie proaktiv werden und somit selbst in Aktion treten können. Dauerhaft auf Partnersuche zu sein, in vielen Personen mögliche Kandidaten zu sehen, dies raubt Kraft und frustriert, je öfter aus der neuen Bekanntschaft nichts wird. Insbesondere, wenn Sie sich auf die vorgeschlagene Zeit der Partnersuche konzentrieren, sparen Sie wertvolle Energie, die Sie in andere Lebensbereiche investieren können. Auch hier kann einer der Leitsätze der Astrologie wertvoll sein: „Für alles gibt es den richtigen Zeitpunkt."

Dabei liegt die Weite des Horizonts bei Ihnen. Wie weit Sie blicken möchten, welche Grenzen Sie austesten oder verschieben wollen, wie weit Sie in Ihr Innerstes blicken wollen, wird Ihr individueller Wunsch sein. Die Astrologie kann Sie als Ratgeberin und Stütze auf Ihrem Weg begleiten und Ihnen sogar den Weg leuchten, wenn Zeiten der Dunkelheit aufkommen.

„Erinnert euch, zu den Sternen zu schauen und nicht runter
zu euren Füßen. Versucht, den Sinn zu verstehen, von dem,
was ihr seht, und fragt euch, wie das Universum existieren kann."
Stephen Hawking

## EIN BLICK IN DEN STERNENHIMMEL

„Wie oben, so unten. Wie im Himmel, so auf Erden", so lautet der Grundsatz in den Ursprüngen der Astrologie. Wie wir bereits gesehen haben, überdauerte dieser Leitsatz die Jahrtausende bis in die heutige Zeit. Die Betrachtung der Sterne und deren Bedeutung faszinierte die Menschen verschiedener Epochen und hält uns heute noch in ihrem Bann. Wer kennt heute nicht sein Sternzeichen? Wer macht nicht die Augen zu und wünscht sich etwas, wenn eine Sternschnuppe am Himmel erscheint? Und das trotz des Wissens, dass eine Sternschnuppe lediglich ein verglühender Himmelskörper ist.

Stellen wir uns vor, heute Nacht ist ein klarer Himmel. Es ist der 15. April im Jahr 2023 in Deutschland. Keine Wolke ist zu sehen. Es ist nicht zu kalt, nicht zu heiß. Keine Insekten, die stören. Keine grellen Stadtlichter, die das Leuchten der Sterne überdecken würden. Es wäre eine perfekte Zeit, um sich zu entspannen, einen ruhigen Ort zu suchen und die Sterne zu betrachten. Was würden wir sehen? Zunächst einmal würden wir den Mond in einer Sichel sehen. Am 15. April ist es der abnehmende Mond, der am 20.04. vollständig zum Neumond wird. Die Sterne glitzern in ihrer höchsten Pracht und wir fangen an, in dem auf den ersten Blick chaotisch wirkenden leuchtenden Himmel Anordnungen zu sehen, die an Silhouetten von Figuren erinnern. Zentriert in der Mitte des Sternenhimmels würden wir eine Figur, bestehend aus neun Sternen, entdecken. Die Figur ähnelt einer auf dem Bauch liegenden Raubkatze, mit aufgerichtetem Kopf, der nach vorne blickt. Es handelt sich um das Sternzeichen Löwe. Würden wir im babylonischen Zeitalter leben, würden wir in den Himmel blicken und ebenfalls den Löwen sehen. Er ist eines der Sternzeichen, die seit jeher seine Gestalt am Sternenhimmel beibehalten haben.

Damals hätten wir das Sternzeichen allerdings UR.GU.LA genannt, was den Weg des Mondes über das Tierkreiszeichen Löwe bezeichnete. Wir hätten in ihm den Repräsentanten des Gottes Enlil gesehen. Der Gott Enlil wird als der Hauptgott, der Herrscher über den Himmel, verehrt. Im alten Babylonien hätte dieser Monat und auch das Sternzeichen Löwe eine besondere Bedeutung, denn damals fand zu der Zeit die Sommersonnenwende statt. Der hellste Stern des Sternzeichens Regulus leuchtet hell, die Sommersonnenwende naht und mit ihr der Sommer. Es ist der längste Tag im Jahr, an dem die Sonne, der Lebensmittelpunkt also, am längsten leuchtet.

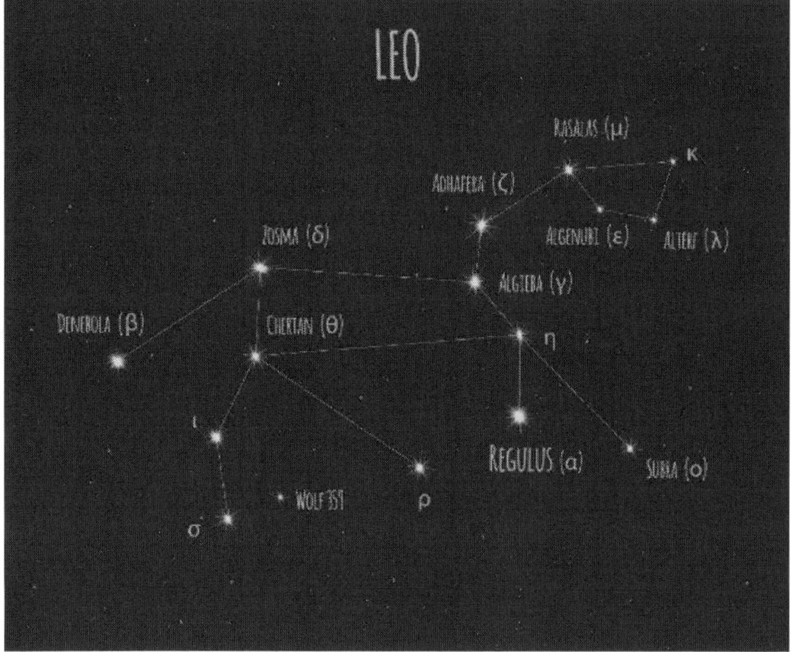


Aufgrund der Präzessionsbewegung der Erdachse findet die Sommersonnenwende nun nicht mehr im Sternzeichen Löwe statt, sondern seit 1989 im Sternzeichen Stier.

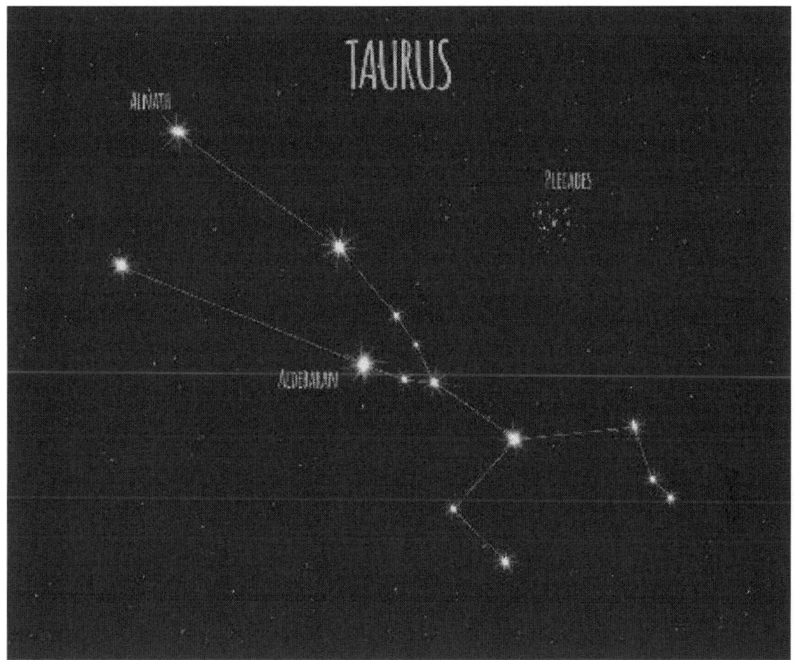


**Infobox:**
Unter der Präzessionsbewegung der Erdachse versteht man die Schwankung der Erde, die sich aufgrund der eigenen Rotation ergibt. Stellen wir uns vor, die Erde hätte einen Stift am Nordpol befestigt. So würde dieser einen kleinen Kreis ziehen, bei jeder Umdrehung der Erde um sich selbst. Wäre dieser Stift ins Unendliche verlängert, würde er einen großen Kreis ziehen, da die Erde in ihrer Umdrehung schwankt. Eine Auswirkung davon wird unser Blick auf den Polarstern sein, der sich derzeit genau im Norden befindet. Diese Schwankung hat eine leichte Kippung der Erdachse zufolge, aufgrund welcher in einigen Jahrtausenden andere Sterne anstelle des Polarsterns sichtbar sein werden.

Mit diesem Wissen ausgestattet, blicken wir erneut in den Sternenhimmel. Die Frage, die sich hierbei am offenkundigsten stellt, ist nicht nur, „Was sehe ich?", sondern auch, „Was genau suche ich?".

Blicken wir als Hobby-Astronomen auf die Sterne, so wissen wir: Wir blicken in die Vergangenheit. Betrachten wir beispielsweise den Stern Regulus, den hellsten Stern im Sternzeichen Löwe (abgeleitet von Rex, bedeutet so viel wie „kleiner König“ – sein lateinischer Name ist Alpha Leonis). Dieser befindet sich 79 Lichtjahre von der Erde entfernt. Das bedeutet, wir sehen ihn nicht in diesem Moment gerade leuchten, sondern so, wie er vor 79 Lichtjahren leuchtete. Als Hobby-Astronomen wissen wir, dass Lichtjahre keine Zeitangabe, sondern eine *Längeneinheit* ist. Um ein Lichtjahr zu reisen, müssten wir ca. 40 Billionen Kilometer Strecke hinter uns bringen und bräuchten dafür ca. vier Jahre. Um den Stern Regulus zu erreichen, müssten wir also ca. 316 Jahre reisen.

Dies scheint doch ein wenig zu aufwändig zu sein für einen klaren, milden Aprilabend. Stattdessen begnügen wir uns damit, die Sterne von der Erde aus zu betrachten, anstatt zu ihnen zu reisen.

Schauen wir in die Sterne als Hobby-Historiker, so wissen wir, welche Hintergrundgeschichte sich hinter dem Sternenbild Löwe (oder Leo) verbirgt. Die alten Babylonier kannten den Löwen und Regulus als *den Stern, der an der Brust des Löwen steht.* Die Griechen sahen in diesem Sternzeichen den nemeischen Löwen. In der Mythologie war es der Halbgott Herakles (der in der römischen Mythologie Herkules heißt), der dem nemeischen Löwen gegenüberstand. Eine seiner 12 Aufgaben, die Herakles im Auftrag eines Königs erledigen sollte, war das Töten der neunköpfigen Hydra. Eine andere Aufgabe war das Entführen des dreiköpfigen Höllenhundes Kerberos aus der Unterwelt. Seine allererste Aufgabe war es jedoch, den nemeischen Löwen zu erlegen. Der Löwe lebte in einer Höhle nahe der Stadt Nemea. Er tötete Mensch und Tier nach Belieben, denn er selbst konnte aufgrund seines undurchdringbaren Fells nicht verletzt werden. Keine Waffe konnte ihm Schaden anrichten. Auch Herakles musste feststellen, dass kein Speer, kein Bogen und kein Schwert den Löwen verletzen konnte. So stieg der

übermenschlich starke Herakles hinab in die Höhle des Löwen, übermannte ihn mit seinen bloßen Händen und würgte ihn zu Tode. Mit einer Klaue des Löwen zog er ihm das Fell ab, welches er von nun an als Umhang trug.

Direkt neben dem Löwen befindet sich das Sternenbild der Jungfrau, die aus insgesamt 20 leuchtenden Sternen besteht, mit dem hellsten Stern Spica (Alpha Virginis).

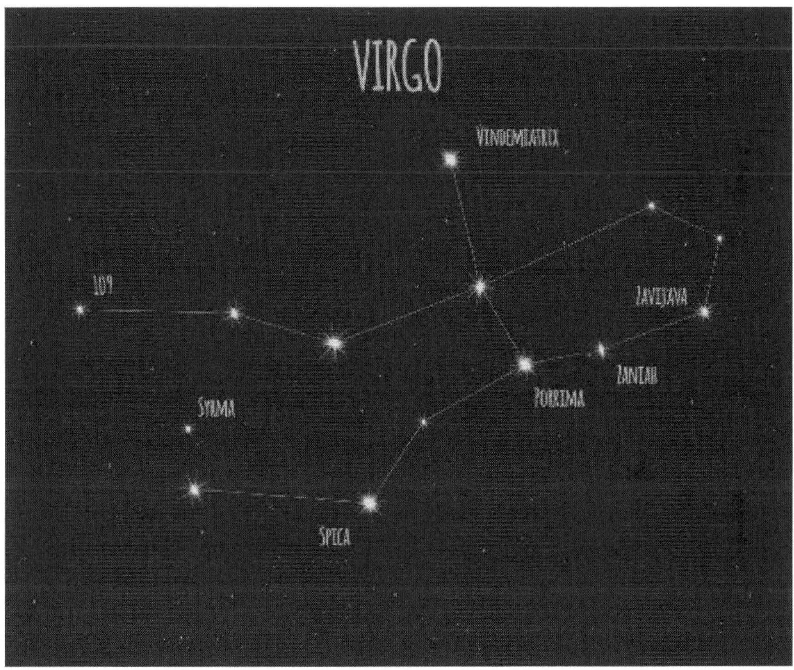


In Abbildungen werden meistens nicht alle Sterne dargestellt, sondern nur die hellsten (s. Tabelle). Es bedarf nur wenig Fantasie, sich die auf der Seite liegende Jungfrau vorzustellen. Man erkennt sie, wie sie, ihren Kopf leicht hebend, die Arme nebeneinander liegend, so dass seitlich nur ein Arm erkennbar ist, beide Beine leicht angewinkelt, schläft, so wie immer um diese Jahreszeit. Betrachten wir den Stern Spica, den hellsten Stern im Sternenbild Jungfrau, der am unteren Ende ihrer Wirbelsäule hell leuchtet. Als Hobby-Astrophysiker erkennen wir, dass er hellblau leuchtet. So wie die Farbe eines Schweißbrenners, dessen heißeste Flammen blau erscheinen, wissen wir, dass Spica noch heißer als die Sonne sein muss, da sie gelb leuchtet. In ferner Zukunft wird Spica wohl den Tod eines Sternes sterben und zu einer Supernova werden. So viel verrät uns der Stern bereits jetzt über seine eigene Zukunft. Hobby-Astrophysik ist auch eine zu schwere Kost für solch einen angenehmen Abend.

Neben den beiden Sternzeichen sind mehrere Sternenbilder erkennbar, wie der Große Wagen senkrecht über dem Löwen, der Große Wagen, der Teil des größeren Sternenbildes Großer Bär ist, sowie weitere kleinere Sternbilder.

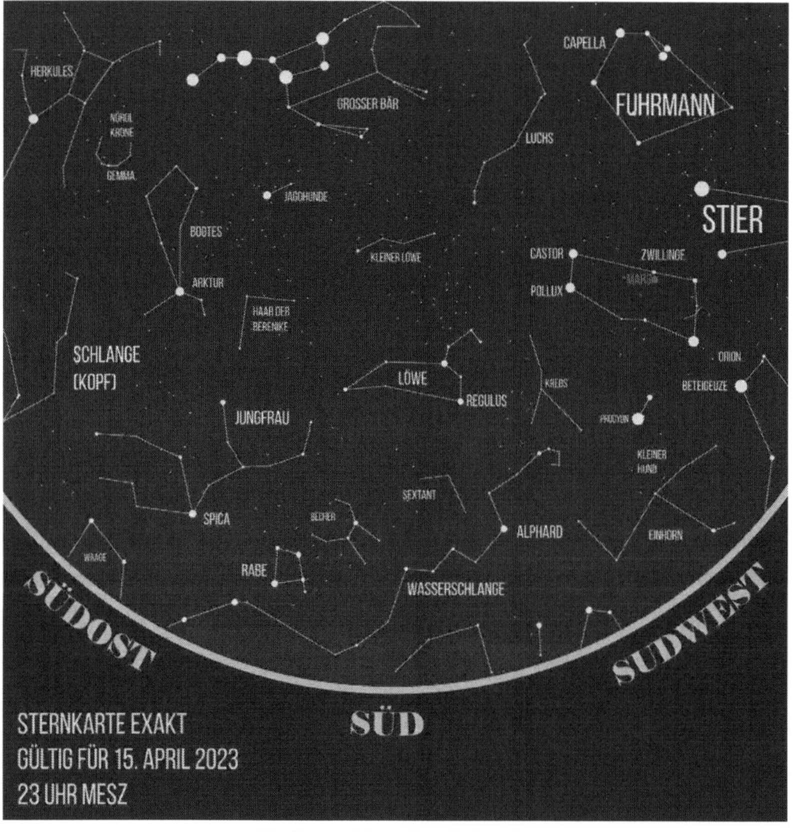

Der Sternenhimmel am 15.04.2023

| STERNZEICHEN | HELLSTER STERN | ENTFER-NUNG |
|---|---|---|
|  AQUARIUS<br>WASSERMANN | Sadalsuud (β) | 610 Lichtjahre |
|  PISCES<br>FISCHE | Kullat Nunu (η) | 294 Lichtjahre |
|  ARIES<br>WIDDER | Hamal (α) | 66 Lichtjahre |

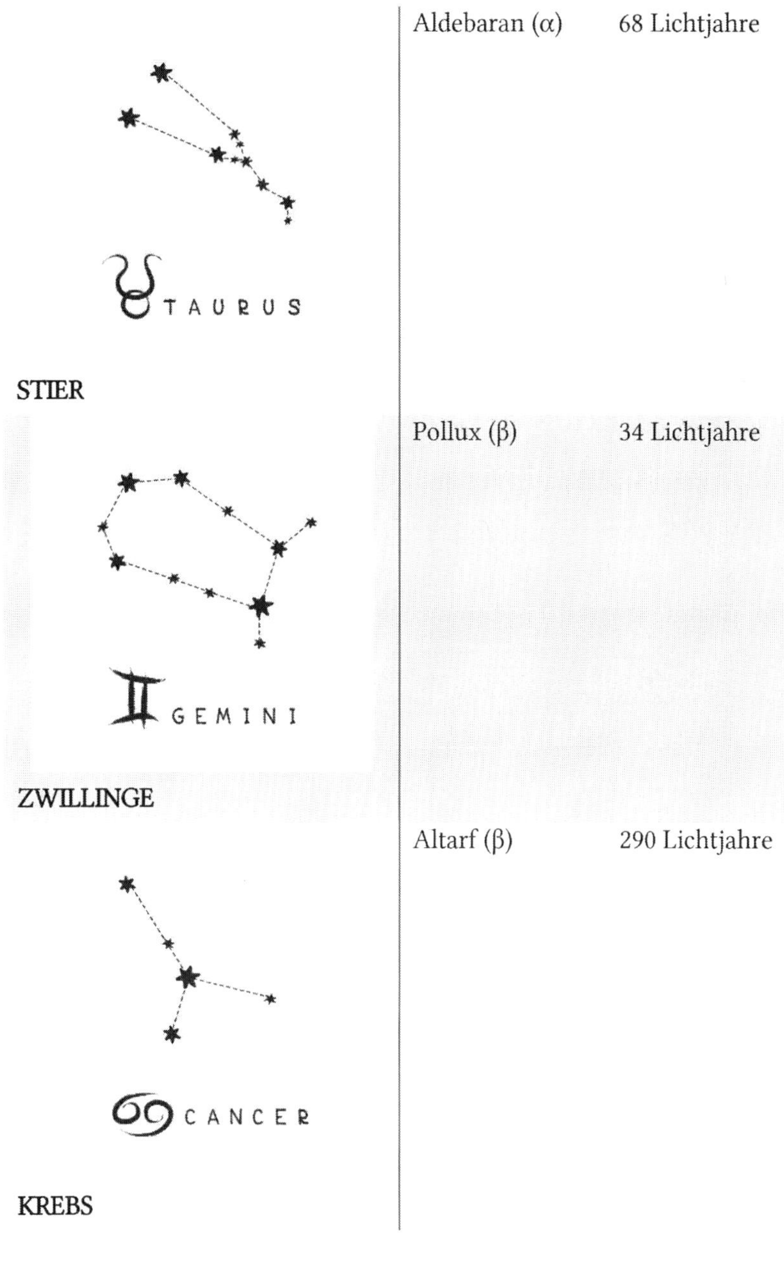


| | | |
|---|---|---|
| STIER | Aldebaran (α) | 68 Lichtjahre |
| ZWILLINGE | Pollux (β) | 34 Lichtjahre |
| KREBS | Altarf (β) | 290 Lichtjahre |

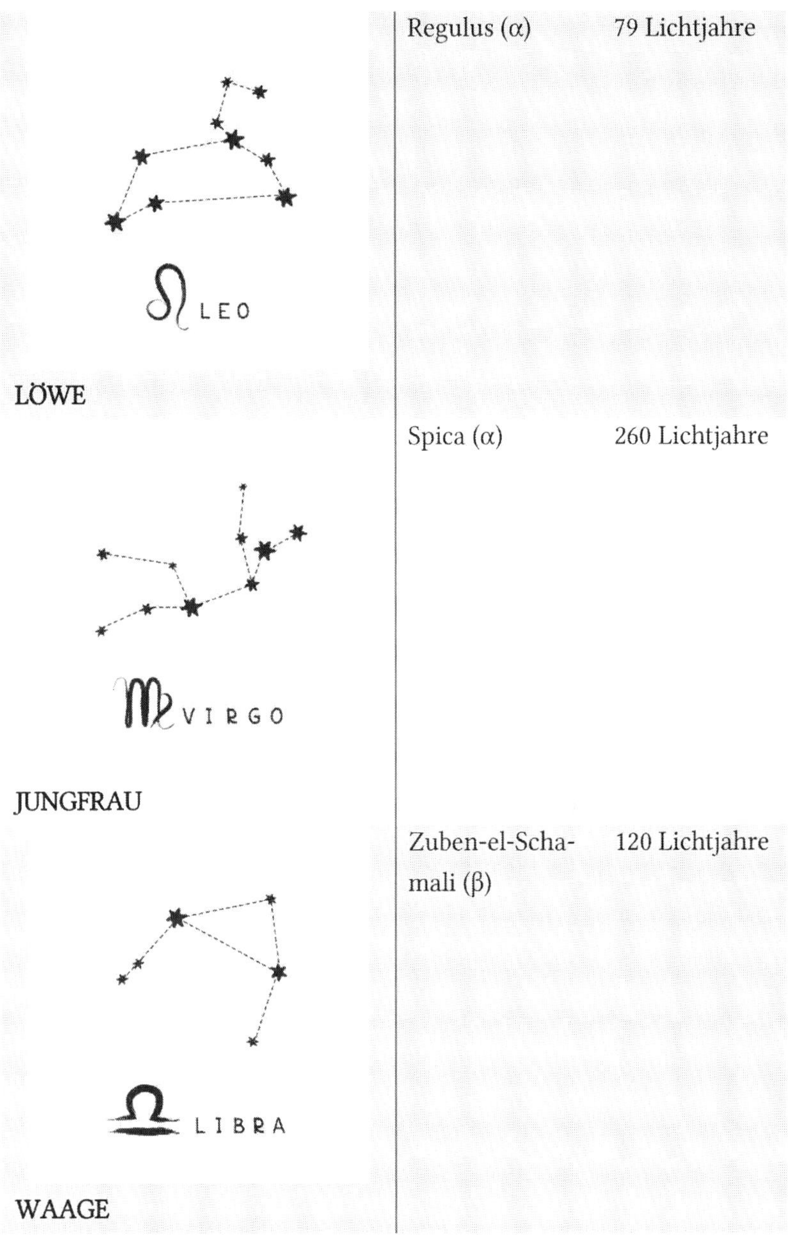


| | | |
|---|---|---|
| LÖWE | Regulus (α) | 79 Lichtjahre |
| JUNGFRAU | Spica (α) | 260 Lichtjahre |
| WAAGE | Zuben-el-Schamali (β) | 120 Lichtjahre |

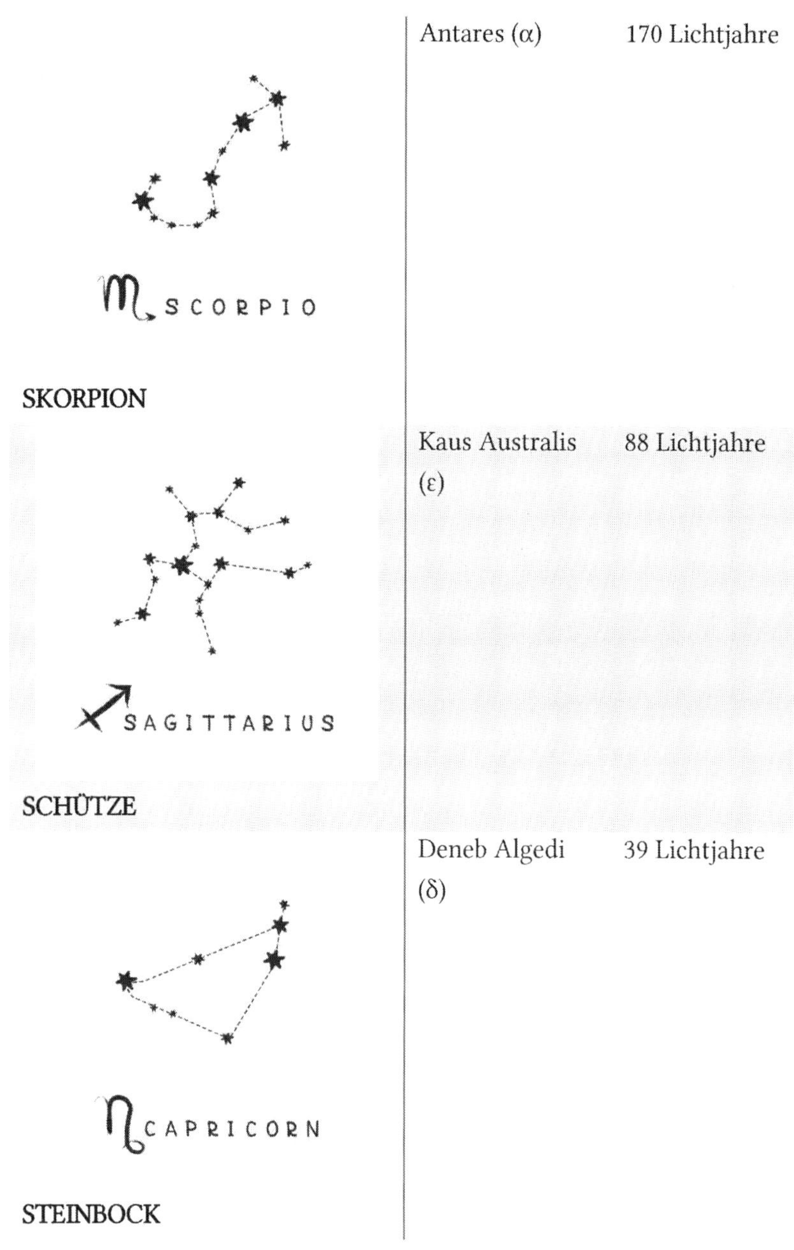


| | | |
|---|---|---|
| SKORPION | Antares (α) | 170 Lichtjahre |
| SCHÜTZE | Kaus Australis (ε) | 88 Lichtjahre |
| STEINBOCK | Deneb Algedi (δ) | 39 Lichtjahre |

Führen wir uns noch einmal den Grundsatz der Astrologie vor Augen, „wie oben, so unten", was würde das Leuchten dieser Sternzeichen am Himmel für uns bedeuten?

# Sonne, Mond, Aszendenten und Deszendenten

Sonne und Mond, Stern und Trabant, Innen und Außen – dies könnte eine treffende Beschreibung für das Verhältnis der Sternzeichen, Mondzeichen, Aszendenten und Deszendenten zu der einzelnen Person sein. Wir haben uns bereits viel mit der Bedeutung der Sonne und des Mondes im Laufe der Menschheitsgeschichte beschäftigt: wie sie als Zeichen der Götter verstanden wurden, mit welcher Gewalt sie über die Gezeiten verfügen und welche essenzielle Bedeutung für das ganze Leben beide auf der Erde haben. Nun ist es an der Zeit, herauszufinden, welche Aussage sie über uns als einzelne Individuen treffen können – genauer gesagt: über uns zur Stunde unserer Geburt.

Dem Leitsatz folgend, „wie oben, so auch unten", wollen wir uns im Folgenden mit Sonnenzeichen, Mondzeichen, Aszendent und Deszendent beschäftigen sowie mit deren Verhältnis zur Sonne, zum Mond und zu uns.

## DIE STERNZEICHEN IM LICHT DER SONNE

Das „Sternzeichen“ ist ein sehr geläufiger Begriff. Die meisten Menschen kennen ihr Sternzeichen, unabhängig davon, ob sie ihr Horoskop lesen oder welche Stellung dieses in ihrem Leben einnimmt.

Wie wir bereits gelernt haben, waren die Tierkreiszeichen schon den alten Mesopotamiern bekannt, Jahrtausende vor der Geburt Christi. Sie konnten bereits am Himmel beobachtet werden und manche davon, wie der Löwe oder der Skorpion, haben ihre Bezeichnung durch die Epochen hinweg beibehalten.

Die heutigen Sternzeichen auf Deutsch und Latein sind:

| | |
|---|---|
| Wassermann (Aquarius) | Löwe (Leo) |
| Fische (Pisces) | Jungfrau (Virgo) |
| Widder (Aries) | Waage (Libra) |
| Stier (Taurus) | Skorpion (Skorpio) |
| Zwillinge (Gemini) | Schütze (Sagittarius) |
| Krebs (Cancer) | Steinbock (Capricorn) |

Doch was genau haben die Menschen in der Antike beobachtet und was beobachten die Menschen heute?

Bei den Tierkreiszeichen handelt es sich um sogenannte „**Sonnenzeichen**“. Die Sonne ist der mächtigste Stern, der Lebensgeber und Mittelpunkt in unserer Galaxis. Die Erde wandert ein Jahr, also 12 Monate, lang um die Sonne und von der Erde aus gesehen durchwandert die Sonne ein Jahr lang die etwaigen Tierkreiszeichen. Da es sich bei dem Horoskop um eine individuelle Betrachtung handelt, können wir uns dieses wie eine Momentaufnahme zum Zeitpunkt der Geburt vorstellen. Bei der Feststellung des Sternzeichens geht es also darum, zu wissen, in welchem Tierkreiszeichen die Sonne am Tag der Geburt stand.

Die unter den jeweiligen Sternzeichen Geborenen werden bestimmte Persönlichkeitsmerkmale und angeborene Talente besitzen. Das innere Wesen der Personen, das ureigene „Ich“, wird in Verknüpfung mit den Sternzeichen dargestellt. Welche konkreten Talente und Charaktereigenschaften das sind, werden wir detailliert zu den einzelnen Sternzeichen in den folgenden Kapiteln lernen.

Stellen wir uns zuerst jedoch vor, über der sich bewegenden Erde wäre ein Goldfischglas mit verschiedenen Ebenen gestülpt. Von der Erde aus haben wir in dieser Vorstellung einen Kompass ausgerichtet, so dass wir unsere eigene Rotation im Kosmos darüber klar definieren könnten.

Auf der äußersten Ebene des Goldfischglases haben wir die Information über die Tierkreiszeichen zusammengetragen, wie zum Beispiel Stier, Löwe etc. In der zweiten Ebene sehen wir die einzelnen Planeten, wie zum Beispiel den Mars. Und in der dritten Ebene befindet sich der Kalender, also Monat und Tag – unser Geburtsdatum.

Die Erde dreht sich also in diesem Goldfischglas mit verschiedenen Informationen und wir zeigen mit unserem Kompass mit den statischen Zeigern auf diese. Zum Zeitpunkt der Geburt würden wir eine Momentaufnahme machen, die diese Informationen (Tierkreiszeichen, Planet) über den Stand der Erde in dem Goldfischglas festhält.

Aus diesen Informationen können Astrologen Rückschlüsse auf die Wirkung der Himmelskörper (wie oben) auf die Erde (so auch unten) ziehen – genauer noch: auf das einzelne Individuum, welches sich für diese Momentaufnahme der Himmelskörper zum Zeitpunkt seiner Geburt interessiert.

Widmen wir uns zur Veranschaulichung einer Beispielperson zu. Dieses Mal ist es jemand, der am 5. Juni 2012 um 23:00 Uhr geboren wurde. Nehmen wir an, wir machen mit dieser Person nun eine kleine Zeitreise, in die Nacht ihrer eigenen Geburt. Bevor das Kind zur Welt kommt, blicken wir gemeinsam in den Himmel. Der Mond ragt wie eine glänzende Münze über uns und erhellt den Nachthimmel. Es ist Vollmond. Wir richten unseren Blick nach Süden und erkennen schemenhaft die Tierkreiszeichen Schütze und Skorpion. Im Südwesten leuchtet die Waage schwach.

„Was wohl auf der anderen Seite der Welt passiert?“, fragt sich unsere Person, die diese Zeitreise zu ihrem Geburtsort macht.

Da es Nacht ist, sehen wir die Sonne nicht. Würden wir die Erde von außen sehen können, so könnten wir erkennen, dass die Sonne im Tierkreiszeichen Zwillinge steht. Erinnern wir uns noch einmal an das Goldfischglas, wäre dies die Markierung am äußeren Rand. Unsere Person ist also als Zwilling geboren. Beobachten wir die anderen Himmelskörper, so sehen wir, dass die Venus ebenfalls im Tierkreiszeichen Zwillinge steht. Mehr noch, sie steht verdächtig linear zwischen Erde und Sonne.

Es ist eine besondere Nacht. Die Venus überholt die Erde auf ihrer Umlaufbahn und zieht an ihr vorbei. Für einige Stunden schiebt sie sich vor die Sonne. Es handelt sich um einen Venustransit, der erst wieder im Jahr 2117 stattfinden wird. Fach- und Hobbyastronomen weltweit haben diesem Ereignis lange entgegengefiebert. Sie erhoffen sich Ergebnisse über die Beschaffenheit der Venus, wenn ihre Atmosphäre durch die Sonne Schatten wirft. Der Venustransit dauert bis zum Morgengrauen an. Dies passierte also im Himmel.

Auf der Erde hat unsere zeitreisende Person davon nicht so viel mitbekommen. Sie blickt noch immer verträumt in die Sterne und lässt sich von der milden Nachtluft inspirieren. Sie liebt das Kribbeln der Nacht. Für sie ist die Nacht eine Zeit voller Möglichkeiten, Überraschungen, unendlichen Optionen und Freiheit.

Es ertönt das Geschrei eines Neugeborenen in der stillen Nacht. Während auf der zum Mond zugewandten Seite Nachtruhe herrscht, passiert auf der zur Sonne gewandten Seite Gewaltiges. Beides wird Einflüsse auf das Neugeborene haben, in dem Moment der Geburt sowie auch auf dem Lebensweg.

Die Zwillinge gelten als rastlos, neugierig und kommunikativ. Die Venus zeigt, in welcher Richtung sich diese Wesenszüge fokussieren werden: in der Liebe, jedoch weniger in der romantischen Liebe als vielmehr in der kameradschaftlichen. Die Eigenschaften der Venus werden durch die Gewalt der Sonne etwas eingedämmt. Das Neugeborene ist vor der Macht dieser durch den Venustransit geschaffenen Linearität etwas geschützt, da es zur sonnenabgewandten Seite geboren wurde. Die Charakterprägungen werden sich dennoch, für die in der Venus (und Zwillinge) Geborene typisch, in der Bewunderung von Schönheit und Künstlerischem zeigen. Getrieben durch die Mystik der Nacht und des Vollmondes ist hier höchstwahrscheinlich eine hochkünstlerische Seele geboren.

Über die einzelnen genauen Prägungen durch die Tierkreiszeichen erfahren wir später mehr. Vielleicht möchten Sie in der Zwischenzeit selbst eine kleine Zeitreise machen. Was spielte sich am Himmel zur Zeit Ihrer Geburt ab?

# DAS MONDZEICHEN: EIN BLICK INS UNTERBEWUSSTE

So wie das bereits bekannte Sternzeichen durch die Position der Sonne in dem jeweiligen Tierkreiszeichen bestimmt wird, zeigt sich das **Mondzeichen** ebenfalls durch die Stellung des Mondes in dem jeweiligen Tierkreiszeichen zur Zeit der Geburt. Dabei weicht das Mondzeichen von dem Sonnenzeichen meistens ab. Bei der Bestimmung des Mondzeichens sind die Uhrzeit und der Ort der Geburt von hoher Wichtigkeit, denn der Mond bewegt sich schneller als die Sonne um die Erde und damit auch schneller durch die jeweiligen Tierkreiszeichen. Je mehr Daten zur Bestimmung des Mondzeichens genutzt werden, umso präziser wird die Zuordnung des Tierkreiszeichens sein. Manchmal kommt es da sogar auf einige Minuten an.

### Doch wie passt das zusammen?

So wie die Sternenkonstellationen viele verschiedene Facetten haben, hat das menschliche Wesen ebenfalls eine komplexe Struktur, im Körper wie auch im Geist. Während das Sonnenzeichen die Persönlichkeit und die Talente zeigt, so beleuchtet das Mondzeichen das wahre Wesen des Menschen – sein Bewusstes sowie Unterbewusstes. Zunächst gibt das Mondzeichen Hinweise auf unterbewusste Prägungen. Inwieweit diese bereits ins Bewusstsein gelangt sind, kommt auf die Persönlichkeitsentwicklung jedes Einzelnen selbst an. Während das Sonnenzeichen ein Hinweis auf Talente und Neigungen ist, wird das Mondzeichen unser tiefstes Wesen ansprechen – etwas, dessen wir uns nie entledigen können. Haben wir zum Beispiel ein Kommunikationstalent, könnte dies einhergehen mit dem tiefsten Wunsch nach einer starken Verbindung zu unseren Mitmenschen. In der Literatur sowie in der Astronomie wird der Mond als mächtig und mystisch bezeichnet. Je nachdem, in welchem Tierkreiszeichen er bei der Geburt steht, werden die dem Tierkreiszeichen zugeschriebenen Elemente in der Natur des Menschen zu finden sein. Ihre tiefsten Bedürfnisse, Sehnsüchte, Ängste und ihre emotionale Grundstimmung werden sich darin widerspiegeln. Es ist als eine weitere Facette zu sehen in dem komplexen Innenleben eines Menschen. Es ist dem tiefsten Unterbewusstsein zuzuordnen und aus diesem Grund auch schwer auf den ersten Blick erkennbar. Schauen wir uns hierzu ein Beispiel an: Nehmen wir an, jemand ist im Sonnenzeichen Skorpion geboren, jedoch im Mondzeichen Fische. Beides sind sogenannte Wasserzeichen – dazu lernen wir später mehr. Der Skorpion wird mit den Eigenschaften Metamorphose, Wandel und Transformation in Verbindung gebracht. Die im Tierkreiszeichen Fische Geborenen sind mitfühlend, träumerisch und haben eine unendliche Vorstellungskraft. Wie können wir uns so eine Person vorstellen? Jemand, dessen ureigenes Wesen mitfühlend ist und Vorstellungskraft besitzt, wird oft in die Schuhe des anderen schlüpfen können, egal, ob diese auch mal unbequem sind. Die Eigenschaften des Skorpions werden dabei helfen, alte Haut und Ballast immer wieder abzustreifen und sich jederzeit neu zu definieren. Dazu braucht es die Vorstellungskraft, um diesen Prozess von innen heraus in Gang zu bringen. Um eine Veränderung herbeizuführen, muss sich also erst ein Ziel formieren – ein „Wohin", welches zunächst in der eigenen Vorstellungskraft geboren wird. Sodann folgt die Umsetzung, die Transformation, welche den unter dem Sternzeichen Skorpion Geborenen als Stärke mit auf den Weg gegeben wurde. Wir betrachten hier also zwei verschiedene Ebenen des Innenlebens einer bestimmten Person. Das, was auf den ersten Blick gegensätzlich scheint, so wie die Sonne und der Mond, sind am Ende zwei Teile derselben Welt. Die Sonnen- und die Mondzeichen sind Teil einer großen Galaxie, nämlich jener, die wir innehaben.

### Wie können wir unser Mondzeichen errechnen?

Sofern Sie die Uhrzeit Ihrer Geburt und den Geburtsort kennen, kann das Mondzeichen berechnet werden. Sie können dabei entweder auf verschiedene Internetrechner zurückgreifen oder händisch mithilfe der unten aufgeführten Tabelle rechnen, indem Sie die einzelnen Schritte befolgen. Die händische Berechnung ist jedoch nicht so genau wie die der Online-Datenbanken, da hier nicht der Geburtsort berücksichtigt werden kann.

## Erster Schritt:

Notieren Sie sich die Zahl neben Ihrem Geburtsjahr. Handelt es sich um ein Schaltjahr, addieren Sie die eins dazu.

**Unser Beispiel:**

Die Person ist am 01.01.2000 geboren, also nehmen wir die Zahl 17.

| Jahr | Zahl | Jahr | Zahl |
|---|---|---|---|
| 1940 | 12 + 1 | 1976 | 20 + 1 |
| 1941 | 23 | 1977 | 3 |
| 1942 | 5 | 1978 | 12 |
| 1943 | 14 | 1979 | 23 |
| 1944 | 25 + 1 | 1980 | 5 + 1 |
| 1945 | 9 | 1981 | 16 |
| 1946 | 18 | 1982 | 25 |
| 1947 | 0 | 1983 | 8 |
| 1948 | 11 + 1 | 1984 | 18 + 1 |
| 1949 | 22 | 1985 | 1 |
| 1950 | 4 | 1986 | 11 |
| 1951 | 13 | 1987 | 21 |
| 1952 | 24 + 1 | 1988 | 4 + 1 |
| 1953 | 7 | 1989 | 14 |
| 1954 | 17 | 1990 | 24 |

| 1955 | 26 | 1991 | 7 |
|---|---|---|---|
| 1956 | 10 + 1 | 1992 | 17 + 1 |
| 1957 | 20 | 1993 | 27 |
| 1958 | 2 | 1994 | 9 |
| 1959 | 12 | 1995 | 20 |
| 1960 | 23 + 1 | 1996 | 2 + 1 |
| 1961 | 6 | 1997 | 13 |
| 1962 | 15 | 1998 | 22 |
| 1963 | 25 | 1999 | 5 |
| 1964 | 8 + 1 | 2000 | 16 + 1 |
| 1965 | 19 | 2001 | 26 |
| 1966 | 1 | 2002 | 8 |
| 1967 | 11 | 2003 | 19 |
| 1968 | 21 + 1 | 2004 | 2 + 1 |
| 1969 | 4 | 2005 | 12 |
| 1970 | 13 | 2006 | 22 |
| 1971 | 24 | 2007 | 4 |
| 1972 | 7 + 1 | 2008 | 14 + 1 |
| 1973 | 17 | 2009 | 25 |
| 1974 | 26 | 2010 | 7 |
| 1975 | 10 | | |

## Zweiter Schritt:

Notieren Sie sich die Zahl neben Ihrem Geburtsmonat in der folgenden Tabelle:

- Januar: 0
- Februar: 4
- März: 4
- April: 8
- Mai: 11
- Juni: 14
- Juli: 17
- August: 21
- September: 24
- Oktober: 27
- November: 3
- Dezember: 6

**Unser Beispiel:**

Wir addieren die **17** aus Schritt eins mit der Zahl 0 aus Schritt zwei, da diese für den Monat Januar steht.

## Dritter Schritt:

Addieren Sie die Zahlen aus Schritt eins und zwei.

Anschließend addieren Sie die Zahl des Tages Ihrer Geburt dazu.

**Unser Beispiel:**

Geburtstag am 01.01.2000

Schritt eins ergibt 17

Schritt zwei ergibt 0

Beides addiert ergibt 17 und anschließend addieren wir die Eins dazu, der Tag des Geburtstags, und erhalten die **Gesamtsumme 18.**

## Vierter Schritt:

a) Liegt die Gesamtsumme zwischen 0 und 28, gehen Sie zum Ergebnis.

b) Liegt die Gesamtsumme zwischen 29 und 54, ziehen Sie 27 ab und gehen dann zum Ergebnis.

c) Liegt die Gesamtsumme zwischen 55 und 81, ziehen Sie 55 ab und gehen dann zum Ergebnis.

d) Liegt die Gesamtsumme bei mehr als 81, ziehen Sie 82 ab und gehen dann zum Ergebnis.

**Unser Beispiel:**

In unserem Beispiel haben wir die Gesamtsumme 18. Bei dieser Methode können zwei wichtige Aspekte nicht berücksichtigt werden: genauer Zeitpunkt und Ort der Geburt. Dies führt zu schwankenden Messungen. In unserem Beispiel wird die Person entweder **Skorpion oder Schütze** sein. Um ein genaueres Ergebnis zu erzielen, können Online-Rechner zu Rate gezogen werden.

Einen Beispielrechner finden Sie hier unter folgendem Link bei Horoskop-Paradies:

Oder unter diesem Link: https://bit.ly/3Fn3Z3J

**Das Ergebnis:**

- 0 oder 1 oder 27 oder 28 – Widder
- 2 oder 3 oder 4 – Stier
- 5 oder 6 – Zwilling
- 7 oder 8 – Krebs
- 9 oder 10 – Löwe
- 11 oder 12 oder 13 – Jungfrau
- 14 oder 15 – Waage
- 16 oder 17 – Skorpion
- 18 oder 19 – Schütze
- 20 oder 21 oder 22 – Steinbock
- 23 oder 24 – Wassermann
- 25 oder 26 – Fische

# DER ASZENDENT ALS SPIEGEL UNSERER HANDLUNGEN

Neben den Sonnen- und den Mondzeichen gibt auch der Aszendent eine weitere Ergänzung zu der Landkarte der einzelnen Person. Vielleicht haben Sie den Begriff bereits gehört und sich immer gefragt: „Was genau ist der Aszendent?" Wir haben bereits erfahren, was er nicht ist: der Komplementär zum Sonnenzeichen, denn das ist bereits das Mondzeichen. Der Aszendent ist das Tierkreiszeichen, welches im Osten erscheint, zur genauen Zeit der Geburtsstunde.

Wie bereits bei dem Mondzeichen, ist es auch hier besonders wichtig, die genaue Uhrzeit und den Ort der Geburt zu kennen, um den Aszendenten bestimmen zu können – denn dieser ändert sich sogar alle zwei Stunden. Mit diesem Wissen verlassen wir den Blick des Sonnen- und des Mondzeichens nach innen und wenden ihn in die andere Richtung: nach außen. Das Sternzeichen, das zum Zeitpunkt unserer Geburt im Osten des Horizonts erscheint, also das Tierkreiszeichen, welches unser Aszendent ist, zeigt, wie die Menschen uns wahrnehmen, welche Energie wir mit unserer Präsenz erschaffen und wie die Menschen auf uns reagieren. Hierbei ist es nicht wichtig, welche Intention wir haben, denn das gehört zum Innenleben. Der Aszendent gibt Hinweise darauf, wie wir mit unserer Umwelt interagieren und welche Reaktionen wir eventuell bei unseren Mitmenschen auslösen können.

**Infobox:**

Der Begriff „Aszendent" hat seinen Ursprung im Lateinischen und bedeutet „der Aufsteigende". Hier ist also das aufsteigende Tierkreiszeichen gemeint, welches zuerst im Osten erscheint. Manche Astrologen glauben, dass der Aszendent erst in der Lebensphase ab ca. 30 Jahren interessant wird, da die meiste Persönlichkeitsentwicklung bis dahin abgeschlossen ist und sich die Blickrichtung der einzelnen Person nunmehr eher auf den eigenen Einfluss auf die Umwelt richten wird.

Den Aszendenten können wir uns als die Summe unseres Erscheinungsbilds vorstellen – nicht nur, wie wir nach außen wirken wollen, sondern auch, wie wir uns gezielt zeigen wollen, wie wir uns für andere definieren und wie wir auftreten. Man könnte den Aszendenten auch als Ego betrachten.

Ebenfalls beeinflusst der Aszendent, wie wir die uns angeborenen Talente entwickeln und durch unser Handeln weiter ausbauen.

Bleiben wir bei dem Beispiel aus dem vorherigen Kapitel. Wir betrachten eine Person, die im Sonnenzeichen Skorpion und im Mondzeichen Fische geboren ist. Nehmen wir an, diese Person hat den Aszendenten Krebs. Auch Krebs gehört zu den Wasserzeichen.

Die unter dem Aszendenten Krebs Geborenen sind oft sensibel, feinfühlig und haben eine soziale Ader. Sie genießen das Leben, gehen allerdings keine unnötigen Risiken ein. Unter dieser Berücksichtigung – wie würde unsere Person wohl auf andere wirken? Wir wissen bereits, dass es sich um eine mitfühlende Person handelt. Dass sich diese in einem sozialen Bereich aufhalten würde, ist daher keine große Überraschung. Sofern sie keine drohende Gefahr für sich spürt, wird sie sich stets mitfühlend und feinfühlig zeigen. In Gesellschaft würde sie sich geschmackvoll kleiden und mit einer subtilen Eleganz zeigen. Farbenfroh, jedoch nicht zu grell; ein bisschen Aufmerksamkeit ist gut, aber nicht zu viel im Mittelpunkt stehen. Auf den ersten Blick würde man sie als eher zurückhaltend und distanziert betrachten. Höflich und liebreizend zu jedem, jedoch zunächst abwartend und beobachtend.
Das hohe Maß an Mitgefühl zeigt sich auch in dem Verhalten, denn sie würde sich davor hüten, im Mittelpunkt zu stehen und einen Small Talk nach dem anderen zu führen. Small Talk würde sie als Mittel zum Zweck einsetzen, um herauszufinden, mit wem sie über ernstere Themen sprechen und wo sie sich somit ihren Emotionen hingeben kann.

In dieser Umgebung würde sich die Person am wohlsten fühlen, in ausgewählter Gesellschaft, das Leben in tiefen Zügen als in einem schnellen Rausch genießend. Unter Druck oder Stress geratend, würde die Person schnell alle Visiere schließen und sich einen Panzer zulegen, um sich selbst zu schützen. Dieser könnte sich in emotionaler Kälte zeigen, um das brodelnde Temperament noch unter Kontrolle zu halten. Tiefe Emotionen beschreiben das Innenleben der Person. Im Verhalten spiegeln sich anfangs eher Distanz und Zurückhaltung, bis die Stärke zum Vorschein kommt, echte und tiefe Verbindungen mit Mitmenschen eingehen zu können.

Unter Betrachtung des Aszendenten können wir einen weiteren Baustein hinzufügen, der uns später ein viel umfangreicheres Bild über das einzelne Individuum erlaubt. Würden wir nur beobachten, wie sich eine Person verhält, so hätten wir lediglich Erkenntnisse über das Äußere, eventuell sogar nur über die Maske, die uns diese Person zeigt. Erst wenn wir auch die Natur des Menschen verstehen, dessen Motivatoren, Bedürfnisse und Persönlichkeit berücksichtigen, können wir auch unter die Oberfläche schauen.

Ihren Aszendenten können Sie ebenfalls in Online-Datenbanken nach Eingabe Ihres genauen Geburtszeitpunktes und -ortes erfahren, oder händisch in der folgenden Tabelle:

## Steinbock 22.12. – 20.01.

| **Geburtstag** | **22.12. – 31.12.** | **01.01. – 11.01.** | **12.01. – 20.01.** |
|---|---|---|---|
| Aszendent | Geburtszeit | Geburtszeit | Geburtszeit |
| Widder | 12.15 – 13.15 | 11.45 – 12.45 | 11.15 – 12.15 |
| Stier | 13.15 – 14.30 | 12.45 – 14.00 | 12.15 – 13.30 |
| Zwillinge | 14.30 – 16.15 | 14.00 – 15.45 | 13.30 – 15.15 |
| Krebs | 16.15 – 18.45 | 15.45 – 18.15 | 15.15 – 17.45 |
| Löwe | 18.45 – 21.30 | 18.15 – 21.00 | 17.45 – 20.30 |
| Jungfrau | 21.30 – 00.15 | 21.00 – 23.45 | 20.30 – 23.15 |
| Waage | 00.15 – 03.00 | 23.45 – 02.30 | 23.15 – 02.00 |
| Skorpion | 03.00 – 05.45 | 02.30 – 05.15 | 02.00 – 04.45 |
| Schütze | 05.45 – 08.15 | 05.15 – 07.45 | 04.45 – 07.15 |
| Steinbock | 08.15 – 10.00 | 07.45 – 09.30 | 07.15 – 09.00 |
| Wasser-mann | 10.00 – 11.15 | 09.30 – 10.45 | 09.00 – 10.15 |
| Fische | 11.15 – 12.15 | 10.45 – 11.45 | 10.15 – 11.15 |

## Wassermann 21.01. – 19.02.

| **Geburtstag** | **21.01. – 31.01.** | **01.02. – 10.02.** | **11.02. – 19.02.** |
|---|---|---|---|
| Aszendent | Geburtszeit | Geburtszeit | Geburtszeit |
| Widder | 10.30 – 11.30 | 10.00 – 11.00 | 09.15 – 10.15 |
| Stier | 11.30 – 12.45 | 11.00 – 12.15 | 10.15 – 11.30 |
| Zwillinge | 12.45 – 14.30 | 12.15 – 14.00 | 11.30 – 13.15 |
| Krebs | 14.30 – 17.00 | 14.00 – 16.30 | 13.15 – 15.45 |
| Löwe | 17.00 – 19.45 | 16.30 – 19.15 | 15.45 – 18.30 |
| Jungfrau | 19.45 – 22.30 | 19.15 – 22.00 | 18.30 – 21.15 |
| Waage | 22.30 – 01.15 | 22.00 – 00.45 | 21.15 – 24.00 |
| Skorpion | 01.15 – 04.00 | 00.45 – 03.30 | 24.00 – 02.45 |
| Schütze | 04.00 – 06.30 | 03.30 – 06.00 | 02.45 – 05.15 |
| Steinbock | 06.30 – 08.15 | 06.00 – 07.45 | 05.15 – 07.00 |
| Wasser-mann | 08.15 – 09.30 | 07.45 – 09.00 | 07.00 – 08.15 |
| Fische | 09.39 – 10.30 | 09.00 – 10.00 | 08.15 – 09.15 |

## Fische 20.02. – 20.03.

| **Geburtstag** | **20.02. – 28.02.** | **01.03. – 10.03.** | **11.03. – 20.03.** |
|---|---|---|---|
| Aszendent | Geburtszeit | Geburtszeit | Geburtszeit |
| Widder | 08.30 – 09.30 | 08.15 – 09.15 | 07.30 – 08.30 |
| Stier | 09.30 – 10.45 | 09.15 – 10.30 | 08.30 – 09.45 |
| Zwillinge | 10.45 – 12.30 | 10.30 – 12.15 | 09.45 – 11.30 |
| Krebs | 12.30 – 15.00 | 12.15 – 14.45 | 11.30 – 14.00 |
| Löwe | 15.00 – 17.45 | 14.45 – 17.30 | 14.00 – 16.45 |
| Jungfrau | 17.45 – 20.30 | 17.30 – 20.15 | 16.45 – 19.30 |
| Waage | 20.30 – 23.15 | 20.15 – 23.00 | 19.30 – 22.15 |
| Skorpion | 23.15 – 02.00 | 23.00 – 01.45 | 22.15 – 01.00 |
| Schütze | 02.00 – 04.30 | 01.45 – 04.15 | 01.00 – 03.30 |
| Steinbock | 04.30 – 06.15 | 04.15 – 06.00 | 03.30 – 05.15 |
| Wasser-mann | 06.15 – 07.30 | 06.00 – 07.15 | 05.15 – 06.30 |
| Fische | 07.30 – 08.30 | 07.15 – 08.15 | 06.30 – 07.30 |

## Widder 21.03. – 20.04.

| **Geburtstag** | **21.03. – 31.03.** | **01.04. – 10.04.** | **11.04. – 20.04.** |
|---|---|---|---|
| Aszendent | Geburtszeit | Geburtszeit | Geburtszeit |
| Widder | 06.30 – 07.30 | 06.00 – 07.00 | 05.15 – 06.15 |
| Stier | 07.30 – 08.45 | 07.00 – 08.15 | 06.15 – 07.30 |
| Zwillinge | 08.45 – 10.30 | 08.15 – 10.00 | 07.30 -0 9.15 |
| Krebs | 10.30 – 13.00 | 10.00 – 12.30 | 09.15 – 11.45 |
| Löwe | 13.00 – 15.45 | 12.30 – 15.15 | 11.45 – 14.30 |
| Jungfrau | 15.45 – 18.30 | 15.15 – 18.00 | 14.30 – 17.15 |
| Waage | 18.30 – 21.15 | 18.00 – 20.45 | 17.15 – 20.00 |
| Skorpion | 21.15 – 24.00 | 20.45 – 23.30 | 20.00 – 22.45 |
| Schütze | 00.00 – 2.30 | 23.30 – 02.00 | 22.45 – 01.15 |
| Steinbock | 02.30 – 04.15 | 02.00 – 03.45 | 01.15 – 03.00 |
| Wassermann | 04.15 – 05.30 | 03.45 – 05.00 | 03.00 – 04.15 |
| Fische | 05.30 – 06.30 | 05.00 – 06.00 | 04.15 – 05.15 |

## Stier 21.04. – 20.05.

| **Geburtstag** | **21.04. – 30.04** | **01.05. – 10.05.** | **11.05. – 20.05.** |
|---|---|---|---|
| Aszendent | Geburtszeit | Geburtszeit | Geburtszeit |
| Widder | 04.30 – 05.30 | 04.00 – 05.00 | 03.30 – 04.30 |
| Stier | 05.30 – 06.45 | 05.00 – 06.15 | 04.30 – 05.45 |
| Zwillinge | 06.45 – 08.30 | 06.15 – 08.00 | 05.45 – 07.30 |
| Krebs | 08.30 – 11.00 | 08.00 – 10.30 | 07.30 – 10.00 |
| Löwe | 11.00 – 13.45 | 10.30 – 13.15 | 10.00 – 12.45 |
| Jungfrau | 13.45 – 16.30 | 13.15 – 16.00 | 12.45 – 15.30 |
| Waage | 16.30 – 19.15 | 16.00 – 18.45 | 15.30 – 18.15 |
| Skorpion | 19.15 – 22.00 | 18.45 – 21.30 | 18.15 – 21.00 |
| Schütze | 22.00 – 00.30 | 21.30 – 24.00 | 21.00 – 23.30 |
| Steinbock | 00.30 – 02.15 | 00.00 – 01.45 | 23.30 – 01.15 |
| Wasser-mann | 02.15 – 03.30 | 01.45 – 03.00 | 01.15 – 02.30 |
| Fische | 03.30 – 04.30 | 03.00 – 04.00 | 02.30 – 03.30 |

## Zwillinge 21.05. – 21.06.

| **Geburtstag** | **21.05. – 31.05.** | **01.06. – 10.06.** | **11.06. – 21.06.** |
|---|---|---|---|
| Aszendent | Geburtszeit | Geburtszeit | Geburtszeit |
| Widder | 03.00 – 04.00 | 02.30 – 03.30 | 01.45 – 02.45 |
| Stier | 04.00 – 05.15 | 03.30 – 04.45 | 01.45 – 02.45 |
| Zwillinge | 05.15 – 07.00 | 04.45 – 06.30 | 04.00 – 05.45 |
| Krebs | 07.00 – 09.30 | 06.30 – 09.00 | 05.45 – 08.15 |
| Löwe | 09.30 – 12.15 | 09.00 – 11.45 | 08.15 – 11.00 |
| Jungfrau | 12.15 – 15.00 | 11.45 – 14.30 | 11.00 – 13.45 |
| Waage | 15.00 – 17.45 | 14.30 – 17.15 | 13.45 – 16.30 |
| Skorpion | 17.45 – 20.30 | 17.15 – 20.00 | 16.30 – 19.15 |
| Schütze | 20.30 – 23.00 | 20.00 – 22.30 | 19.15 – 21.45 |
| Steinbock | 23.00 – 00.45 | 22.30 – 00.15 | 21.45 – 23.30 |
| Wasser-mann | 00.45 – 02.00 | 00.15 – 01.30 | 23.30 – 00.45 |
| Fische | 02.00 – 3.00 | 01.30 – 02.30 | 00.45 – 01.45 |

## Krebs 22.06. – 22.07.

| **Geburtstag** | **22.06. – 30.06.** | **01.07. – 11.07.** | **12.07. – 22.07.** |
|---|---|---|---|
| Aszendent | Geburtszeit | Geburtszeit | Geburtszeit |
| Widder | 01.00 – 02.00 | 00.30 – 01.30 | 00.00 – 01.00 |
| Stier | 02.00 – 03.15 | 01.30 – 02.45 | 01.00 – 02.15 |
| Zwillinge | 03.15 – 05.00 | 02.45 – 04.30 | 02.15 – 04.00 |
| Krebs | 05.00 – 07.30 | 04.30 – 07.00 | 04.00 – 06.30 |
| Löwe | 07.30 – 10.15 | 07.00 – 09.45 | 06.30 – 09.15 |
| Jungfrau | 10.15 – 13.00 | 09.45 – 12.30 | 09.15 – 12.00 |
| Waage | 13.00 – 15.45 | 12.30 – 15.15 | 12.00 – 14.45 |
| Skorpion | 15.15 – 18.30 | 15.15 – 18.00 | 14.45 – 17.30 |
| Schütze | 18.30 – 21.00 | 18.00 – 20.30 | 17.30 – 20.00 |
| Steinbock | 21.00 – 22.45 | 20.30 – 22.15 | 20.00 – 21.45 |
| Wassermann | 22.45 – 24.00 | 22.15 – 23.30 | 21.45 – 23.00 |
| Fische | 00.00 – 01.00 | 23.30 – 00.30 | 23.00 – 24.00 |

## Löwe 23.07. – 23.08.

| Geburtstag | 23.07. – 31.07. | 01.08 – 11.08. | 12.08 – 23.08. |
|---|---|---|---|
| Aszendent | Geburtszeit | Geburtszeit | Geburtszeit |
| Widder | 22.45 – 23.45 | 22.15 – 23.15 | 21.30 – 22.30 |
| Stier | 23.45 – 01.00 | 23.15 – 00.30 | 22.30 – 23.45 |
| Zwillinge | 01.00 – 02.45 | 00.30 – 02.15 | 23.45 – 01.30 |
| Krebs | 02.45 – 05.15 | 02.15 – 04.45 | 01.30 – 04.00 |
| Löwe | 05.15 – 08.00 | 04.45 – 07.30 | 04.00 – 06.45 |
| Jungfrau | 08.00 – 10.45 | 07.30 – 10.15 | 06.45 – 09.30 |
| Waage | 10.45 – 13.30 | 10.15 – 13.00 | 09.30 – 12.15 |
| Skorpion | 13.30 – 16.15 | 13.00 – 15.45 | 12.15 – 15.00 |
| Schütze | 16.15 – 18.45 | 15.45 – 18.15 | 15.00 – 17.30 |
| Steinbock | 18.45 – 20.30 | 18.15 – 20.00 | 17.30 – 19.15 |
| Wasser-mann | 20.30 – 21.45 | 20.00 – 21.15 | 19.15 – 20.30 |
| Fische | 21.45 – 22.45 | 21.15 – 22.15 | 20.30 – 21.30 |

## Jungfrau 24.08. – 23.09.

| **Geburtstag** | **24.08. – 31.08.** | **01.09. – 11.09.** | **12.09. – 23.09.** |
|---|---|---|---|
| Aszendent | Geburtszeit | Geburtszeit | Geburtszeit |
| Widder | 20.30 – 21.30 | 20.00 – 21.00 | 19.15 – 20.15 |
| Stier | 21.30 – 22.45 | 21.00 – 22.15 | 20.15 – 21.30 |
| Zwillinge | 22.45 – 00.30 | 22.15 – 24.00 | 21.30 – 23.15 |
| Krebs | 00.30 – 03.00 | 00.00 – 02.30 | 23.15 – 01.45 |
| Löwe | 03.00 – 05.45 | 02.30 – 05.15 | 01.45 – 04.30 |
| Jungfrau | 05.45 – 08.30 | 05.15 – 08.00 | 04.30 – 07.15 |
| Waage | 08.30 – 11.15 | 08.00 – 10.45 | 07.15 – 10.00 |
| Skorpion | 11.15 – 14.00 | 10.45 – 13.30 | 10.00 – 12.45 |
| Schütze | 14.00 – 16.30 | 13.30 – 16.00 | 12.45 – 15.15 |
| Steinbock | 16.30 – 18.15 | 16.00 – 17.45 | 15.15 – 17.00 |
| Wasser-mann | 18.15 – 20.30 | 17.45 – 19.00 | 17.00 – 18.15 |
| Fische | 19.30 – 20.30 | 19.00 – 20.00 | 18.15 – 19.15 |

## Waage 24.05. – 23.10.

| **Geburtstag** | **24.09. – 30.09.** | **01.10. – 11.10.** | **12.10. – 23.10.** |
|---|---|---|---|
| Aszendent | Geburtszeit | Geburtszeit | Geburtszeit |
| Widder | 18.30 – 19.30 | 18.00 – 19.00 | 17.15 – 18.15 |
| Stier | 19.30 – 20.45 | 19.00 – 20.15 | 18.15 – 19.30 |
| Zwillinge | 20.45 – 22.30 | 20.15 – 22.00 | 19.30 – 21.15 |
| Krebs | 22.30 – 01.00 | 22.00 – 00.30 | 21.15 – 23.45 |
| Löwe | 01.00 – 03.45 | 00.30 – 03.15 | 23.45 – 02.30 |
| Jungfrau | 03.45 – 06.30 | 03.15 – 06.00 | 02.30 – 05.15 |
| Waage | 06.30 – 09.15 | 06.00 – 08.45 | 05.15 – 08.00 |
| Skorpion | 09.15 – 12.00 | 08.45 – 11.30 | 08.00 – 10.45 |
| Schütze | 12.00 – 14.30 | 11.30 – 14.00 | 10.45 – 13.15 |
| Steinbock | 14.30 – 16.15 | 14.00 – 15.45 | 13.15 – 15.00 |
| Wasser-mann | 16.15 – 17.30 | 15.45 – 17.00 | 15.00 – 16.15 |
| Fische | 17.30 – 18.30 | 17.00 – 18.00 | 16.15 – 17.15 |

## Skorpion 24.10. – 22.11.

| **Geburtstag** | **24.10. – 31.10.** | **01.11. – 11.11.** | **12.11. – 22.11.** |
|---|---|---|---|
| Aszendent | Geburtszeit | Geburtszeit | Geburtszeit |
| Widder | 16.30 – 17.30 | 15.45 – 16.45 | 15.15 – 16.15 |
| Stier | 17.30 – 18.45 | 16.45 – 18.00 | 16.15 – 17.30 |
| Zwillinge | 18.45 – 20.30 | 18.00 – 19.45 | 17.30 – 19.15 |
| Krebs | 20.30 – 23.00 | 19.45 – 22.15 | 19.15 – 21.45 |
| Löwe | 23.00 – 01.45 | 22.15 – 01.00 | 21.45 – 00.30 |
| Jungfrau | 01.45 – 04.30 | 01.00 – 03.45 | 00.30 – 03.15 |
| Waage | 04.30 – 07.15 | 03.45 – 06.30 | 03.15 – 06.00 |
| Skorpion | 07.15 – 10.00 | 06.30 – 09.15 | 06.00 – 08.45 |
| Schütze | 10.00 – 12.30 | 09.15 – 11.45 | 08.45 – 11.15 |
| Steinbock | 12.30 – 14.15 | 11.45 – 13.30 | 11.15 – 13.00 |
| Wasser-mann | 14.15 – 15.30 | 13.30 – 14.45 | 13.00 – 14.15 |
| Fische | 15.30 – 16.30 | 14.45 – 15.45 | 14.15 – 15.15 |

## Schütze 23.11. – 21.12.

| **Geburtstag** | **23.11. – 30.11.** | **01.12. – 11.12.** | **12.12. – 21.12.** |
|---|---|---|---|
| Aszendent | Geburtszeit | Geburtszeit | Geburtszeit |
| Widder | 14.30 – 15.30 | 13.45 – 14.45 | 13.15 – 14.15 |
| Stier | 15.30 – 16.45 | 14.15 – 16.00 | 14.15 – 15.30 |
| Zwillinge | 16.45 – 18.30 | 16.00 – 17.45 | 15.30 – 17.15 |
| Krebs | 18.30 – 21.00 | 17.45 – 20.15 | 17.15 – 19.45 |
| Löwe | 21.00 – 23.45 | 20.15 – 23.00 | 19.45 – 22.30 |
| Jungfrau | 23.45 – 02.30 | 23.00 – 01.45 | 22.30 – 01.45 |
| Waage | 02.30 – 05.15 | 01.45 – 04.30 | 01.45 – 04.00 |
| Skorpion | 05.15 – 08.00 | 04.30 – 07.15 | 04.00 – 06.45 |
| Schütze | 08.00 – 10.30 | 07.15 – 09.45 | 06.45 – 09.15 |
| Steinbock | 10.30 – 12.15 | 09.45 – 11.30 | 09.15 – 11.00 |
| Wasser-mann | 12.15 – 13.30 | 11.30 – 12.45 | 11.00 – 12.15 |
| Fische | 13.30 – 14.30 | 12.45 – 13.45 | 12.15 – 13.15 |

# DER GEGENPOL ZUM ASZENDENTEN: DER DESZENDENT

So wie der Aszendent im Osten aufsteigt, wird sein Gegenpol, der Deszendent, im Westen absteigen. Das Wort „Deszendent" hat seinen Ursprung ebenfalls im Lateinischen und bedeutet „der Absteigende". Kennt man seinen Aszendenten, kann der Deszendent leicht erkannt werden. Ausgehend von dem Aszendenten in dem Tierkreiszeichen befindet sich der Deszendent auf der genau gegenüberliegenden Seite, also sechs Tierkreiszeichen weitergezählt. Um bei unserem Beispiel zu bleiben, so ist der Aszendent Krebs und der Deszendent Steinbock. Dabei gilt: Der Deszendent und der Aszendent befinden sich im Horoskop stets gegenüber.

Eine genaue Übersicht über die Aszendenten und die dazugehörigen Deszendenten finden Sie in der folgenden Tabelle:

| **Aszendent** | **Deszendent** |
|---|---|
| **Widder** | Waage |
| **Stier** | Skorpion |
| **Zwillinge** | Schütze |
| **Krebs** | Steinbock |
| **Löwe** | Wassermann |
| **Jungfrau** | Fische |
| **Waage** | Widder |
| **Skorpion** | Stier |
| **Schütze** | Zwillinge |
| **Steinbock** | Krebs |

**Was genau beschreibt der Deszendent?**

Dieser vervollständigt das Bild des Individuums mit dem, was ihm noch fehlt. Er beschreibt seine Entwicklungsmöglichkeiten in der entgegengesetzten Richtung dessen, was ihn bislang ausmacht. Der Deszendent ist ein Hinweis, ein Punkt auf der Landkarte des Lebens, der Begehren und Entwicklung anzeigt. Dieser ist auch der stärkste Ratgeber in der Partnerschaft, denn er wird uns helfen, zu begreifen, was wir begehren und an uns binden wollen.

Begreifen wir den Deszendenten als Kompass, so wird er uns die richtige Richtung weisen, das Wohin.
Der Aszendent zeigt uns das Wie an, die Art und Weise, wie wir uns bewegen.
Das Sonnenzeichen und das Mondzeichen zeigen das Wer an, und zwar in verschiedener Tiefe.

Blicken wir noch einmal auf unser Beispiel: Aszendent ist Krebs, der Deszendent Steinbock. Der Steinbock gehört zu den Erdzeichen. Als Merkmale des Steinbocks gelten Bodenständigkeit, Zuverlässigkeit und Geradlinigkeit. Der Steinbock ist eher analytisch. Sachlichkeit und Rationalität machen ihn aus.

Klingt das für Sie auch so wie alles, was der Krebs nicht hat? Genau diese Merkmale sind bei dem Krebs optimierungsbedürftig. Würden wir in den Kopf unserer Beispielperson hören können, so würden wir regelmäßig solche Diskussionen mitbekommen:

**Krebs:** „Das Date neulich war so nett. Er sagte ja, wir sollten uns bald wiedersehen, hat mich sogar nach Hause gefahren ..."

**Steinbock:** „... und daraufhin nicht auf deine Nachrichten reagiert."

**Krebs:** „Na ja, vielleicht hatte er eben viel zu tun. Oder er möchte, dass ich deutlichere Signale sende."

**Steinbock:** „Noch deutlicher und du würdest mit einem Schild vor seiner Tür stehen, mit der Aufschrift: Warum schreibst du nicht zurück?"

**Krebs:** „Ob das wirklich eine Option ist …?"

**Steinbock:** „Bevor es ganz peinlich wird, hast du schon einmal daran gedacht, dass er nur freundlich sein wollte, aber kein wirkliches Interesse hat?"

**Krebs:** „Aber ich habe doch alles richtig gemacht."

**Fische:** „Vielleicht sind wir noch nicht bereit dafür, eine langfristige Partnerschaft zu finden. Ich sehe uns eher künftig mehr auf Reisen und auf Entdeckungstour mit uns selbst."

**Krebs:** „Ich will aber!"

**Steinbock:** „Hallo Drama. Bevor das ausartet, machen wir einen Deal: Du lässt es diesmal gut sein. Vergiss das Date und konzentriere dich mehr auf dich. Und das nächste Mal, wenn so eine Situation eintritt, bin ich still und du darfst ohne meine Kommentare alles so machen, wie du magst."

**Skorpion:** „Da bin ich dabei! Ich spüre, etwas ist hier im Wandel."

Hier zeigt sich, dass der Deszendent, der Steinbock, genau dort eingreift, wo der leidenschaftliche Krebs von seinen Emotionen übermannt wird. Als das Ego möchte er die Realität nicht wahrhaben, da sie sich nicht mit seiner Selbstdefinition eines idealen Partners deckt. Fische und Skorpion, als das Unterbewusstsein und die Eigenschaften oder Talente, melden sich eher selten aktiv zu Wort, zeigen sich jedoch in ihren Charakteristika. Übertragen wir das, was sich als innerer Dialog abspielt, nach außen, so wäre eine Partnerschaft mit jemandem, der eine Verbindung mit dem Tierkreiszeichen Steinbock hat, die optimale Ergänzung. Dabei ist es nebensächlich, ob es das Sternzeichen, das Mondzeichen oder der Aszendent ist. Denn all diese sind verschiedene Teile derselben Person, es ist alles davon in einem vereint. Wo unsere Beispielperson im Aszendenten Krebs emotional agiert, leidenschaftlich ist und auf dem Weg die Sachlichkeit nicht mehr sehen kann, hilft der bodenständige Steinbock bei der Orientierung und Einordnung. Er würde als lebender Kompass Wege zeigen, die dem mitfühlenden Krebs manchmal verschlossen sind.

In Ergänzung dazu würde der emotionale Krebs dem kopflastigen Steinbock den Genuss des Lebens näherbringen. Er würde ihm Nähe zeigen und tiefgreifende Gefühle, die der rationale Steinbock eher scheuen würde.

Dazu braucht es nur Vertrauen, zueinander und zu der anderen Person. Vertrauen baut auf Verständnis. Lassen Sie uns mit Hilfe der Astrologie versuchen, mehr über unser Innerstes zu verstehen.

*„Bis dann zuletzt des vollen Mondes Helle*
*So klar und deutlich mir ins Finstere drang,*
*Auch der Gedanken willig, sinnig, schnelle*
*Sich um's Vergangne wie ums Künftige schlang;*
*Um Mitternacht.“*
Johann Wolfgang von Goethe – Um Mitternacht

*Anmerkung: Bei der Beispielperson handelt es sich um eine echte Person, die hier anonym bleibt. Sie ist geboren am 7. November 1989 um 21:45 Uhr in Osteuropa.

# Die Häuser in der Astrologie

## INFORMATIONEN ÜBER UNSERE LEBENSBEREICHE

Häuser im Horoskop, davon haben Sie sicherlich auch schon gehört und sich vielleicht gefragt: Sind die Astrologen nun ins Baugewerbe übergegangen? Tatsächlich geht es bei den astrologischen Häusern vielmehr um Felder oder Sektoren, die zur Erstellung eines Horoskops verwendet werden.

In diesem Kapitel behandeln wir einen der anspruchsvollsten und interessantesten Aspekte der Astrologie und lernen, welche Aussage diese über uns treffen können. Hier werden Sie dazu eingeladen, nicht nur Wissen aufzunehmen, sondern auch, selbst tätig zu werden, indem wir später gemeinsam die verschiedenen Berechnungsmodelle kennenlernen. Legen Sie sich gerne schon Papier, Stift, Lineal und einen Zirkel bereit und machen Sie es sich bequem. Doch zunächst eine kurze Reise in die Vergangenheit.

### Historik der astrologischen Häuser

Der Ausdruck „Häuser" hat seinen Ursprung in der Antike. Wie wir bereits wissen, haben die Mesopotamier das Himmelsgestirn als Zeichen der Götter gesehen. Die Götter waren die Herren des Hauses, also des Zeichens, welches sie am Himmel sahen. Aufgrund der historischen Entwicklung wurde dieses Konzept nach Griechenland und Rom weitergetragen und dort mit eigenen Göttern und neu entdeckten Planeten bestückt. In der Zeit nach Christus, in der Ptolemäus die Astrologie am stärksten geprägt hat, hat er das System erneut umdefiniert und die Planeten als Herren der Häuser bestimmt. In der folgenden Tabelle erhalten Sie einen Überblick über die Herren der Häuser im Laufe der Epochen, sofern diese überliefert wurden:

| Tierkreiszeichen | Mesopotamien | Rom | Ptolemäus |
|---|---|---|---|
| **Widder** | Nicht bekannt | Minerva | Mars |
| **Stier** | Nicht bekannt | Venus | Venus |
| **Zwillinge** | Sin | Apollo | Merkur |
| **Krebs** | Ninib | Merkur | Mond |
| **Löwe** | Giszida/Enlil | Jupiter | Sonne |
| **Jungfrau** | Ischtar | Ceres | Merkur |
| **Waage** | Samas | Volcanus | Venus |
| **Skorpion** | Marduk | Mars | Mars |
| **Schütze** | Nergal | Diana | Jupiter |
| **Steinbock** | Papsukal | Vesta | Saturn |
| **Wassermann** | Enki | Juno | Saturn |
| **Fische** | Nicht bekannt | Neptunus | Jupiter |

Bis dato waren die Planeten Uranus und Neptun noch nicht entdeckt. Uranus wurde im Jahr 1781 entdeckt. Der Planet Neptun wurde nach seiner Entdeckung im Jahr 1846 nach dem Meeresgott Neptun benannt, der in Rom der Herr des Hauses des Tierkreiszeichens Fische war. Ptolemäus lebte in der Zeit um ca. 150 nach Christus. Er hatte das geozentrische Bild des Kosmos mitdefiniert. Dieses bedeutet, dass die Erde sich im Mittelpunkt befindet und alle Planeten, der Mond und die Sonne um die Erde kreisen. Aus diesem Grund wiederholen sich manche Planeten als Herren der Häuser, da diese mehrfach um die Erde kreisen und dadurch mehrere Tierkreiszeichen passieren.

Bei dem Weltbild des Ptolemäus befand sich die Erde im Zentrum, um sie herum bewegten sich die weiteren insgesamt sieben Himmelskörper in Kreisen um den Erdball. Im engsten Kreis zur Erde befand sich der Mond. Anschließend Merkur, dann Venus. Im vierten Kreis befand sich die Sonne, dahinter der Mars und dann Jupiter. Im siebten und letzten Kreis befand sich der Saturn.

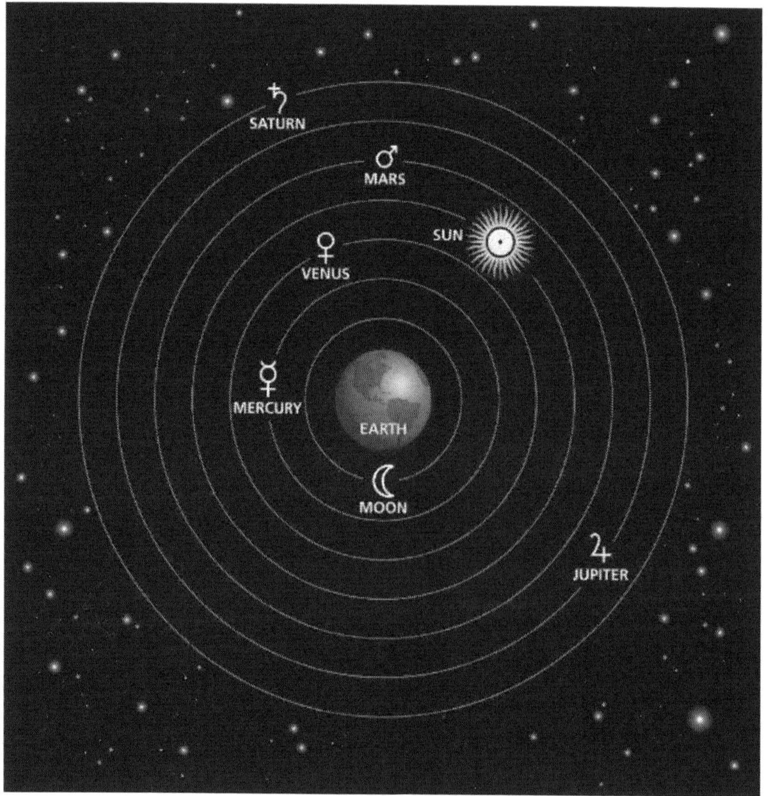


Das geozentrische Weltbild

Bevor wir den Blick in unsere Lieblingsrichtung, nämlich nach oben in den Kosmos, wenden, müssen wir zunächst nach unten schauen, genauer gesagt auf ein Stück Papier. Wir werden uns nun dem widmen, dem sich schon Tausende vor uns gewidmet haben – Mathematiker, Astronomen, Gelehrte jeder Art über die Epochen hinweg: Wir beginnen, zu rechnen.

Wie wir bereits aus den ersten Kapiteln wissen, war die frühere Astronomie das Werkzeug für die Astrologie. Die Art und Weise, wie Daten gesammelt wurden, war weniger mystisch als pragmatisch. Vielleicht haben Sie bereits gesehen, dass Horoskope eine Zeichnung mit verschiedenen Kreisen und Linien enthalten. Bei diesen handelt es sich um den Kompass des Horoskops, der alle Aspekte der Himmelskörper berücksichtigt. Bevor wir uns dessen Erstellung in Gänze zu einem späteren Zeitpunkt widmen, schauen wir uns die Bedeutung der einzelnen Häuser und deren Erstellung an.

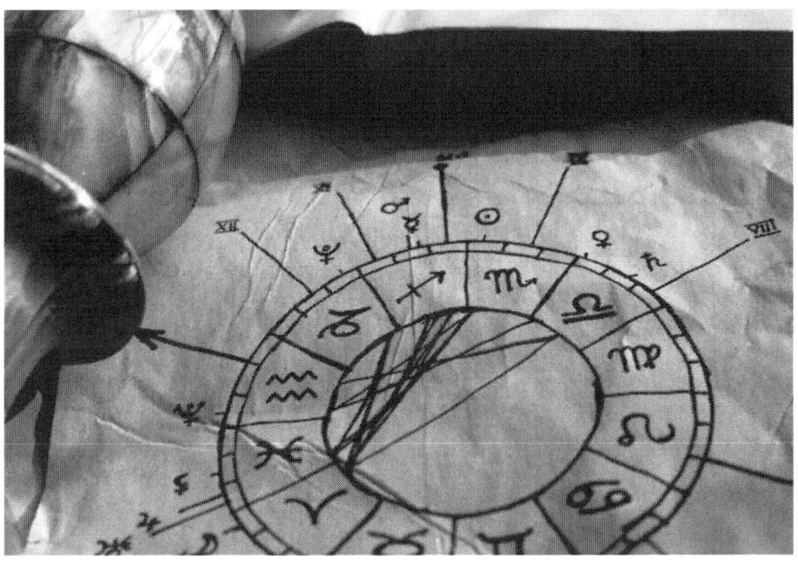

Die Erstellung eines antiken Horoskops

## DIE VERSCHIEDENEN BERECHNUNGSWEISEN DER HÄUSER

Kommen wir zunächst zu einem der historischsten Streitpunkte zwischen den Astrologen: die Art und Weise, wie Häuser berechnet werden. Weltweit gibt es um die acht gängigen Berechnungsmethoden. Welche davon nun bevorzugt eingesetzt wird, hängt von den Vorlieben des jeweiligen Astrologen ab. Zur Vereinfachung sollen hier lediglich drei Berechnungssysteme kurz vorgestellt werden: Die **Quadrantenhäuser,** die **Ganzzeichenhäuser und die Äqualhäuser.** Für die konkrete Berechnung entscheiden wir uns für die heute gängigste Berechnung, die zeitgleich auch die traditionellste ist: die Ganzzeichenhäuser. Vorab müssen wir jedoch noch die wichtigsten Vokabeln kennen. Dazu verhilft uns die folgende Vokabelliste mit Definition:

**Asczendent**
Abgekürzt: AC oder AS

- Sternzeichen, das zum Zeitpunkt der Geburt im **Osten** am Himmel ragt
- Bestimmt den Beginn des **ersten** Hauses

**Medium Coeli**
Abgekürzt: MC

- Lat. für mittlerer Himmel
- Beschreibt den höchsten Punkt der Sonne am **Mittag**
- Bestimmt den Beginn des **zehnten** Hauses

**DEsczendent**
Abgekürzt: DC oder DS

- Sternzeichen, das zum Zeitpunkt der Geburt im **Westen** am Himmel ragt
- Bestimmt den Beginn des **siebten** Hauses

**Imum Coeli**
Abgekürzt: IC

- Lat. für tiefster Himmel
- Beschreibt den tiefsten Punkt der Sonne in der **Nacht**
- Bestimmt den Beginn des **vierten** Hauses

Im Folgenden werden wir auch über die „Spitze“ des Hauses sprechen. Damit ist der **Beginn** des Hauses gemeint. IC zum Beispiel ist die Spitze des vierten Hauses bzw. dessen Beginn.

Diese vier Protagonisten, AC und DC, MC und IC, werden uns nun die Haupteinteilungen des Häusersystems verdeutlichen.

Die erste Haupteinteilung ist die der beiden Hälften, oben und unten. Stellen wir uns dazu einen Kreis vor mit einem horizontalen Strich durch die Mitte. Auf der oberen Seite befindet sich MC und auf der unteren IC.

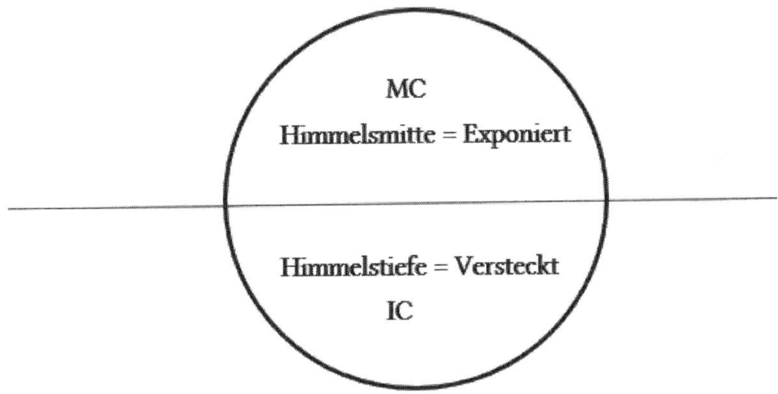


Die obere Hälfte deutet auf das hin, was uns nach außen darstellt: unsere beruflichen und privaten Ziele, wie wir uns geben und wie die Menschen uns wahrnehmen.

Die untere Hälfte ist das, was im Verborgenen agiert und sich in unserem tiefsten Wesen wiederfindet: unsere Herkunft, die familiäre und kulturelle Prägung, unsere tiefsten Bedürfnisse sowie Sehnsüchte und Ängste. Die horizontale Linie stellt den Horizont dar. Über diesem befindet sich der Tag, darunter die Nacht. Dazwischen liegen der Sonnenaufgang im Osten und der Sonnenuntergang im Westen. Erinnern wir uns an das vorherige Kapitel, so wissen wir, dass sich der Aszendent im Osten befindet und der Deszendent im Westen.

Führen wir die beiden Hälften weiter zum Quadranten aus, indem wir noch eine vertikale Linie ziehen und den Kreis in vier gleich große Segmente aufteilen. Diese vier Linien bilden das Achsenkreuz.

Noch einmal zusammengefasst: Der MC, der Medium Coeli, ist an der Spitze der vertikalen Linie. Gegenüberliegend, am anderen Ende dieser Linie, befindet sich der Imum Coeli oder IC, die Himmelstiefe. Auf der horizontalen Linie im Osten befindet sich der Aszendent. Gegenüberliegend im Westen ist der Deszendent. Doch was ist in der Mitte des Achsenkreuzes?

Dort befindet sich der Punkt, von dem aus wir alles beobachten, die Erde. Vereinfacht gesagt: Hier beobachten wir die 24 Stunden des Tages, beginnend mit dem Sonnenaufgang im Osten. Je nachdem, wo wir uns auf der Erde befinden, und aufgrund ihrer Eigenrotation werden später bei der genaueren Berechnung auch die Jahreszeiten berücksichtigt. Denn der MC zum Beispiel steht im Sommer höher und im Winter tiefer.

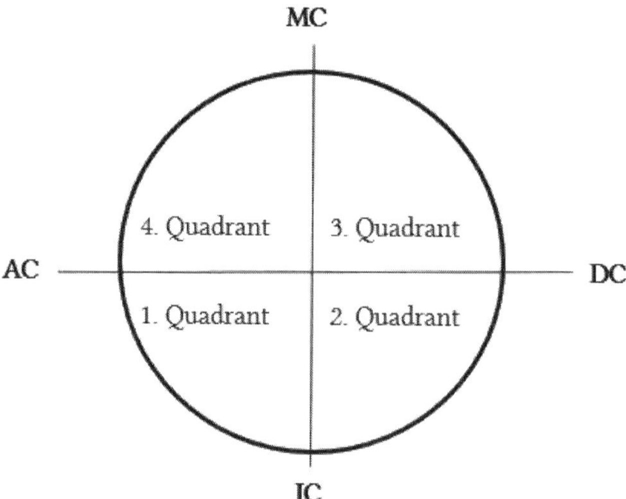


Fügen wir jedem Quadranten noch jeweils drei gleich große Felder hinzu, so haben wir im Ergebnis 12 gleich große Felder, die den Tierkreiszeichen zugeordnet werden.

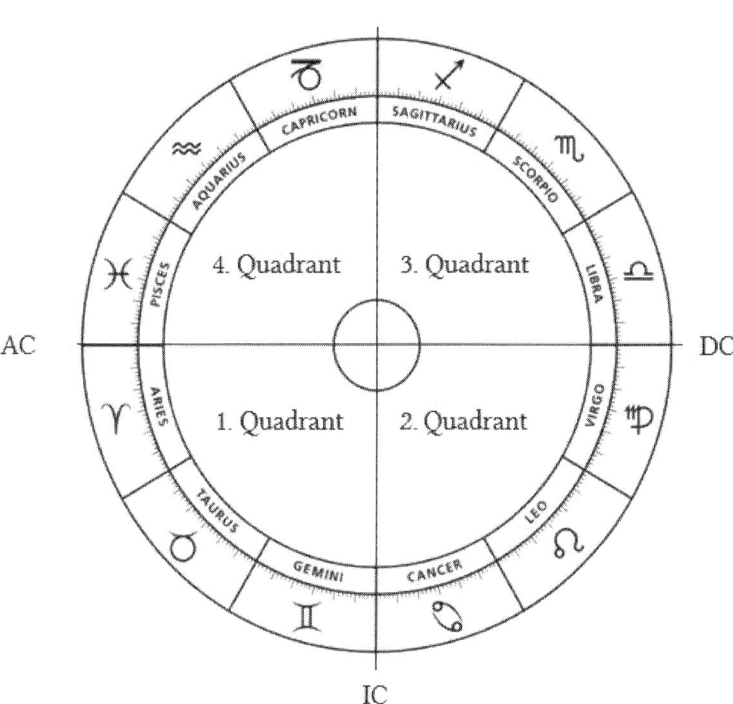


So sieht der Grundaufbau eines Horoskops aus. Die Tierkreiszeichen befinden sich dabei am äußeren Rand. Ähnlich wie bei einem Roulette, werden diese dann gedreht, dem Aszendenten entsprechend. Die Tierkreiszeichen drehen sich dabei in Uhrzeigersinn, denn sie folgen dem Aszendenten, also dem Sonnenaufgang, in Richtung des Deszendenten, des Sonnenuntergangs. In diesem Fall wäre es Aufgang und Abgang der Tierkreiszeichen.

Wichtig ist hier, zu berücksichtigen, dass die Sonnenzeichen nicht von IC oder MC berücksichtigt werden. Die Sonne wird traditionell mit einem Kreis mit einem mittleren Punkt dargestellt und wird in das Tierkreiszeichen eingezeichnet, das die Sonne zum Zeitpunkt der Geburt passierte. Das traditionelle Sternzeichen also wird zu einem späteren Zeitpunkt eingezeichnet und spielt vorerst bei der Einteilung der Häuser keine Rolle.

Um das Achsenkreuz wird ein zweiter Kreis eingezeichnet. In diesem werden später die Häuser eingetragen. Beginnend mit Haus eins, welches immer mit dem Aszendenten beginnt, werden die insgesamt 12 Häuser im Gegenuhrzeigersinn, also in Richtung des IC, eingetragen.

**Infobox**

Der Grund für die Berechnung im Gegenuhrzeigersinn liegt an der Bewegung der Planeten. Diese umrunden die Erde ebenfalls im Gegenuhrzeigersinn, also von Ost nach West. Bis auf die Planeten Uranus und Venus, die ihre Umlaufbahnen genau andersherum haben, also von West nach Ost, bewegen sich alle Planeten in eine Richtung.

Wollen wir nun konkret werden. Wir nehmen uns das oben aufgeführte Modell als Muster und lernen drei Berechnungsmodelle kennen.

## Berechnung Nummer 1: Die Quadrantenhäuser

**Was ist hierbei wichtig?**
Der AC und der MC

**Was ist unwichtig?**
Der Grad und die Größe der 12 Felder

**Unser Beispiel**
Schauen wir uns dazu das Horoskop einer Person an, deren **Aszendent** Widder ist und **MC** im Steinbock steht.

**1. Quadrant: AC**
Im ersten Quadranten befinden sich die Häuser eins, zwei und drei, die Markierung des Aszendenten **AC** und des Sternzeichens *Widder* wird dort gesetzt.

**2. Quadrant: IC**
Von dort aus bewegen wir uns dann im Gegenuhrzeigersinn Richtung **IC**, also nach unten. Der IC ist der Beginn des vierten Hauses unter dem Tierkreiszeichen Krebs und des zweiten Quadranten. In diesem befinden sich die Häuser vier, fünf und sechs, die in den **DC** münden.

**3. Quadrant: DC**
Die Spitze des DC ist der Beginn des siebten Hauses und des Tierkreiszeichens Waage. Dieses ist auch der Anfang des dritten Quadranten mit den Häusern sieben, acht und neun in Richtung **MC**, also oben.

**4. Quadrant: MC**
MC liegt an der Spitze des zehnten Hauses und des letzten vierten Quadranten und markiert den Beginn des Tierkreiszeichens Fische. Auch hier bewegen wir uns weiter fort im Gegenuhrzeigersinn und erkennen die letzten drei Häuser, nämlich Haus 10, 11 und 12.

Nun sind die Tierkreiszeichen in richtiger Reihenfolge den Häusern zuzuordnen. Beginnen wir beim AC und gehen folgende Schritte durch.

**Erstens:** Widder. Im Gegenuhrzeigersinn, also rechts daneben, befindet sich der Stier in Haus zwei. Rechts vom Stier zeichnen Sie die Zwillinge. Damit sollte ein Quadrant schon einmal befüllt sein.

**Zweitens:** Rechts neben den Zwillingen zeichnen Sie Krebs, Löwe und Jungfrau. Damit ist der zweite Quadrant ausgefüllt.

**Drittens:** Weiter geht es im Gegenuhrzeigersinn. Rechts neben der Jungfrau befinden sich Waage, daneben Skorpion und im neunten Haus Schütze.

**Viertens:** Neben Schütze kommen wir im zehnten Haus an und zeichnen Steinbock, dann Wassermann und daneben abschließend Fische. Damit sind alle Quadranten im äußeren Kreis beschriftet und neben Fische sollten Sie wiederum beim Widder ankommen.

**Probieren Sie es selbst!**

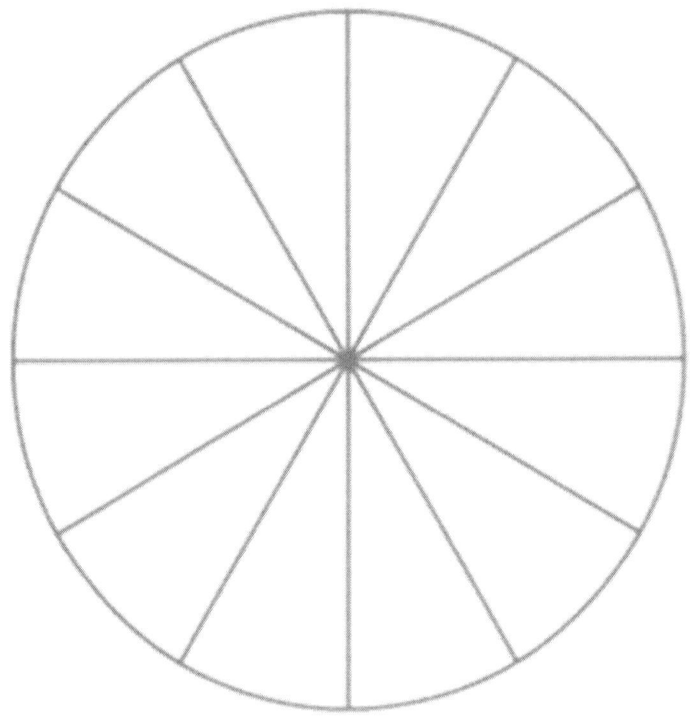

| | |
|---|---|
| Widder = | 1. Haus |
| Stier = | 2. Haus |
| Zwillinge = | 3. Haus |
| Krebs = | 4. Haus |
| Löwe = | 5. Haus |
| Jungfrau = | 6. Haus |
| Waage = | 7. Haus |
| Skorpion = | 8. Haus |
| Schütze = | 9. Haus |
| Steinbock = | 10. Haus |
| Wassermann = | 11. Haus |
| Fische = | 12. Haus |

Zusammengefasst könnte das Ergebnis dann wie folgt aussehen:
Wir haben den äußeren Kreis der Tierkreiszeichen, die in jeweils gleich großen Feldern – die folgerichtig insgesamt 12 sind – aufgeführt sind. Darin haben wir unser Achsenkreuz mit den vier Quadranten, die sich jeweils in drei Abschnitte unterteilen. Um das Achsenkreuz haben wir den inneren Zirkel, in dem wir später unsere Häuser aufführen. Folgendes Modell dient lediglich der Veranschaulichung, wie das Horoskop am **Ende** der Berechnungen aussehen kann.

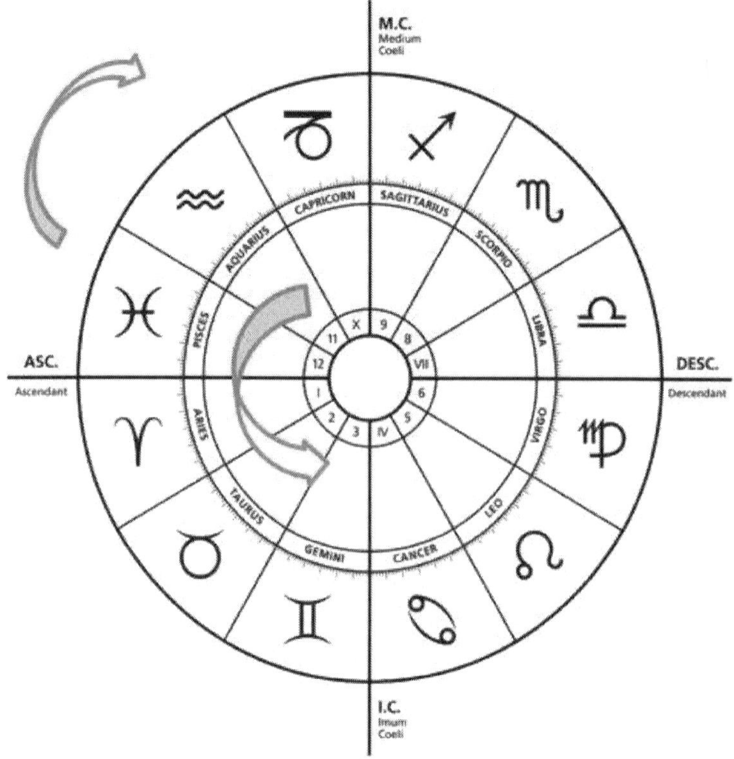


**Achtung:**
Die gleich großen Felder dienen hier lediglich der Veranschaulichung. Bei einem nach Echtdaten erstellten Horoskop können diese Felder bei dieser Berechnungsmethode durchaus anders aussehen, wie das folgende Beispiel zeigt:

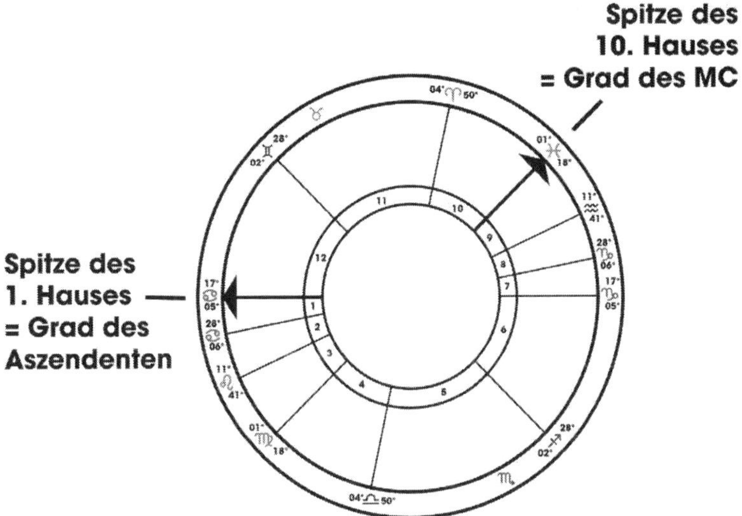


Teilen wir nun die Felder innerhalb des Achsenkreuzes ein, erkennen wir, dass diese nicht unbedingt gleich groß sind. Die Felder zwischen MC und AC und das gegenüberliegende Feld zwischen IC und DC sind erkennbar größer als die Felder AC und IC bzw. DC und MC.

Nach dieser Berechnungsmethode werden die Felder innerhalb der Quadranten erneut in drei gleich große Felder geteilt. Das kann dazu führen, dass zum Beispiel Haus eins und Haus zwei **beide** unter dem Tierkreiszeichen Krebs stehen, während die Tierkreiszeichen Skorpion und Stier eingeschlossen sind und keinem Haus direkt zugeordnet werden.

**Infobox**

Eingeschlossene Häuser nach dieser Berechnung werden in der Interpretation als „eingeschlossene Energie" gewertet. Diese Eigenschaften, je nachdem, welchem Tierkreiszeichen sie zugeordnet werden, können sich nicht von Geburt an frei entfalten, da sie durch die Eigenschaften der anderen Tierkreiszeichen, welche an der Häuserspitze stehen, unterdrückt werden.

## Berechnung Nummer 2: Die Ganzzeichenhäuser

Das anfängerfreundlichste Modell ist das der Ganzzeichenhäuser. Hierbei brauchen wir zunächst die Berechnung des Aszendenten, allerdings nicht mit der genauen Gradzahl am Himmel. Das Tierkreiszeichen, in dem der Aszendent berechnet wird, ist als ganzheitlich zu sehen. Das bedeutet, es ist gleich, ob der Aszendent in der Mitte, am Anfang oder am Ende des Tierkreiszeichens steht.

| **Was ist hierbei wichtig?** | **Was ist unwichtig?** |
|---|---|
| Der AC und die gleich großen Felder | Der Grad und der MC |

**Unser Beispiel**

Schauen wir uns dazu das Horoskop einer Person an, mit dem Aszendenten Krebs.

Wir nehmen uns das oben aufgeführte Modell als Muster und zeichnen einen äußeren Kreis, der mit einer horizontalen und einer vertikalen Linie in vier Quadranten unterteilt ist.

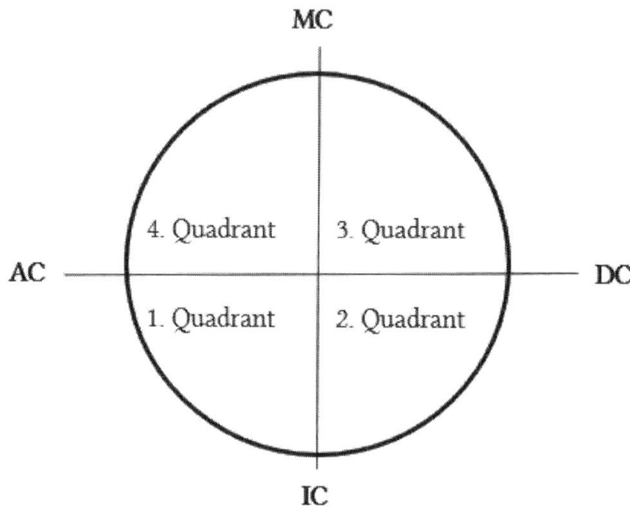

Diese vier Quadranten werden nochmals in jeweils drei große Felder gespalten. Mit Blick auf das oben aufgeführte Muster löschen wir jedoch die inneren Häuser und auch die Beschriftungen AC, IC, DC und MC. Lediglich das Achsenkreuz und die insgesamt 12 gleich großen Felder lassen wir über.

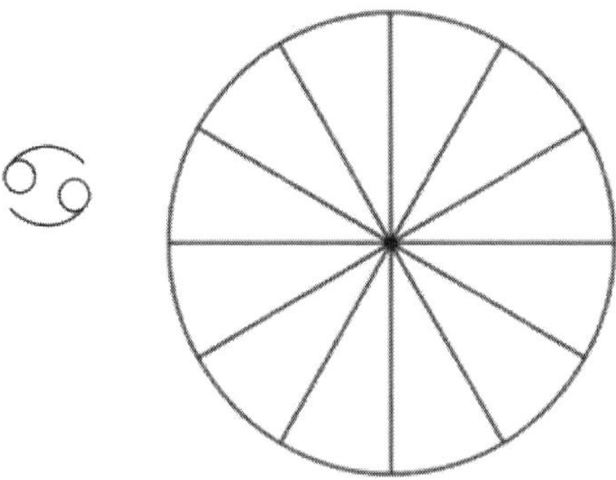

Wir wissen, dass AC Krebs ist, da wir ja das Horoskop dieses Aszendenten berechnen wollen. Daher tragen wir das so in der linken Spitze der horizontalen Linie ein. Dies markiert das erste Haus, das Sie nun im Inneren der Linie eintragen können, und im Äußeren tragen Sie das Tierkreiszeichen Krebs ein.

**Probieren Sie es selbst!**

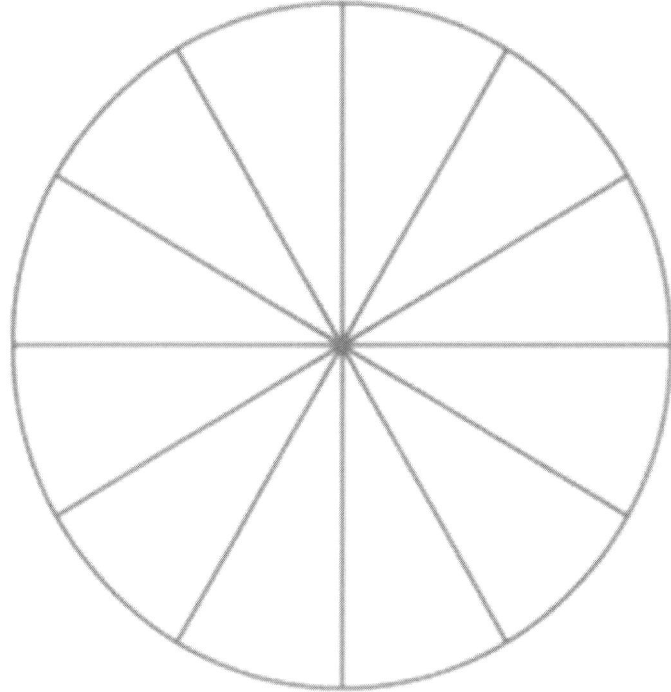

Das Tierkreiszeichen Krebs ist der Aszendent und markiert das erste Haus. Das zweite Haus fällt demnach in Löwe, denn das ist das Sternzeichen im Gegenuhrzeigersinn direkt daneben. Das dritte Haus fällt in Jungfrau usw. In dieser Art bestücken wir das oben genannte Modell, bis Sie am Ende folgende Beschriftung im inneren Kreis vorfinden:

| | | | |
|---|---|---|---|
| Krebs = | 1. Haus | Steinbock = | 7. Haus |
| Löwe = | 2. Haus | Wassermann = | 8. Haus |
| Jungfrau = | 3. Haus | Fische = | 9. Haus |
| Waage = | 4. Haus | Widder = | 10. Haus |
| Skorpion = | 5. Haus | Stier = | 11. Haus |
| Schütze = | 6. Haus | Zwillinge = | 12. Haus |

Ist alles in Ihrem Modell am selben Platz? Dann machen wir weiter. Wie wir oben gelernt haben, müsste sich MC nun eigentlich am Anfang des 10. Hauses befinden, demnach im Widder. Mit dieser Berechnung ist es jedoch nicht so, denn dieses Modell berechnet die Häuser, indem es die Felder des ganzen Tierkreiszeichens vom Aszendenten aus in gleich großen Schritten durchgeht. Die einzelnen Faktoren jedoch, AC, DC, IC und MC, werden sich an den tatsächlichen astronomischen Daten orientieren. Das Besondere an dieser Berechnungsmethode ist, dass der genaue MC nicht für die Einteilung der Häuser benötigt wird. Dieser könnte demnach auch ins neunte Haus fallen. Die Einteilung der Häuser könnte demnach im Ergebnis so aussehen:

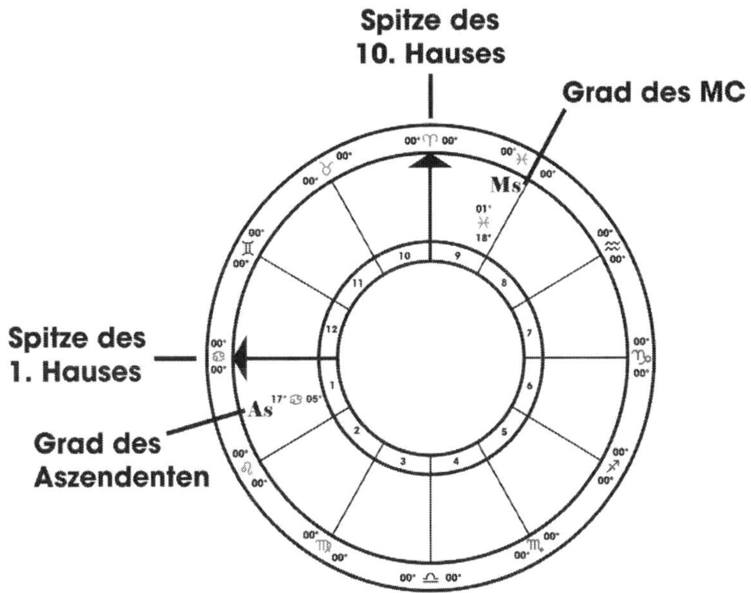

## Berechnung Nummer 3: Die Äqualhäuser

| **Was ist hierbei wichtig?** | **Was ist unwichtig?** |
|---|---|
| Der Grad des AC und die gleich großen Felder | Der MC |

**Unser Beispiel**

Schauen wir uns erneut das Horoskop der o. g. Person an, mit dem Aszendenten Krebs.

Die Äqualhäuser sind von der Berechnung her den Ganzzeichenhäusern sehr ähnlich, bis auf eine Veränderung: Hier ist der Grad des Aszendenten von großer Wichtigkeit. Wäre der Grad des Aszendenten 0, gäbe es keinen Unterschied zum Ganzzahlensystem.

Nehmen wir einmal an, der Grad des Aszendenten wäre bei 17 und würde ins Sternzeichen Krebs fallen. Dort würden wir AC markieren. Von dort aus gehen wir genauso wie in der Berechnung der Ganzzeichenhäuser im Gegenuhrzeigersinn, also nach rechts, die gleich großen Felder durch, nur mit einem Unterschied: Wir bewegen uns immer in **30-Grad**-Schritten. Das Ergebnis dürfte genauso ausfallen wie im zweiten Berechnungsmodell. Auch hier ist es unerheblich, ob der MC im zehnten Haus steht oder woanders.

Probieren Sie es selbst!

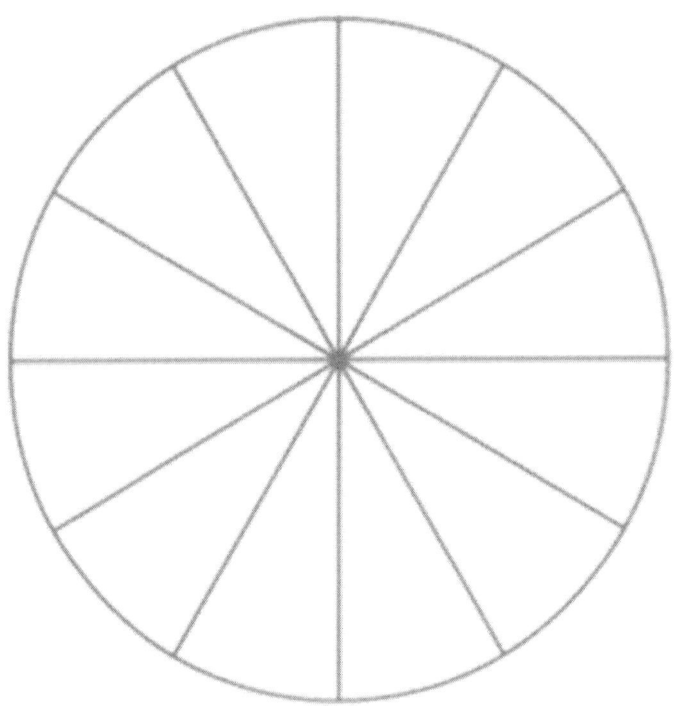

Das Ergebnis könnte zum Beispiel so ausfallen:

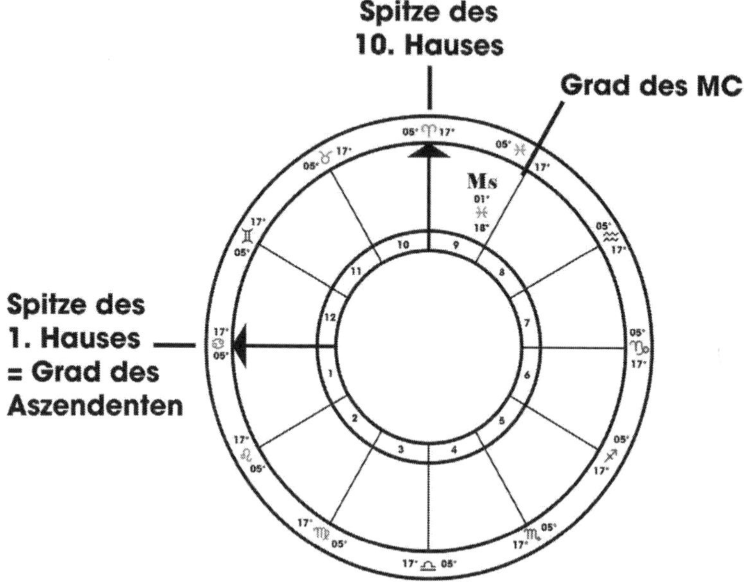


Welche Berechnungsmethode nun die beste ist, werden auch Sie für sich entscheiden. Es ist jedoch ratsam, diese verschiedenen Modelle auszuprobieren und zu schauen, in welchem Sie sich selbst am meisten wiederfinden und wo da Ihre Vorlieben liegen.

In das Grundgerüst eines Horoskops haben wir nun etwas mehr Licht reinbringen können. Gewappnet mit Zirkel, Linear und Stift, haben Sie nun das Rüstzeug an der Hand, um sich das Grundgerüst jederzeit selbst zu erstellen.

# 12 HÄUSER FÜR 12 LEBENSBEREICHE

Nachdem wir nun die dahinterliegende Mathematik kennengelernt haben, wollen wir uns der Bedeutung der einzelnen Häuser widmen. Die folgenden Interpretationen basieren auf dem Grundgerüst der Ganzzeichenhäuser.

## 1. Haus (AC): Persönlichkeit und Individualität

Starten wir mit dem ersten Haus, an dessen Spitze der Aszendent steht. Führen wir uns erneut vor Augen, dass mit dem Aszendenten das erste Tierkreiszeichen zum Zeitpunkt der Geburt im Osten aufsteigt. Symbolisch gesehen steigt dieses Tierkreiszeichen, ähnlich der Sonne, aus der Erde in das Himmelreich. Eines der antiken Symboliken dazu ist die Beseelung, also die Seele, die in dem Körper wohnt. Das erste Haus gilt auch als das wichtigste Haus, da dieses am meisten Aussagekraft über das Individuum hat.

Das erste Haus zeigt unsere Startbedingungen ins Leben und das, was uns auf dem Weg mitgegeben wurde, zum Beispiel

- unsere Charaktereigenschaften,
- unsere Art, zu kommunizieren, sowie
- unser Auftreten.

Hier werden auch oberflächliche Aspekte berücksichtigt. Nicht nur, wie wir auftreten und uns selbst darstellen, sondern auch unsere Physis und unser Kleidungsstil. Eine hochvitale und energetische Person wird sich bewegungsfreudiger und farbenfroher zeigen als jemand, der Gemütlichkeit bevorzugt. Hier zeigt sich, dass das erste Haus der Knotenpunkt beider Dimensionen ist: der des Himmels und jener der Erde, also das Nach-Außen und das Nach-Innen. Vielleicht haben Sie auch bereits gehört, dass manche Menschen eine besondere Ausstrahlung haben oder eine gewisse Energie, die spürbar ist, wenn sie den Raum betreten. Genau das wäre der Moment, in dem die Aussagekraft des ersten Hauses deutlich wird. Welche konkreten Eigenschaften das sind, hängt von dem Tierkreiszeichen und dem Einfluss des Planeten ab, die zum Zeitpunkt der Geburt in das erste Haus fallen.

Schauen wir uns dazu ein Beispiel anhand des Horoskops an, das wir bereits kennengelernt haben: Nehmen wir an, der Aszendent und damit das erste Haus stehen unter dem Tierkreiszeichen Widder. Der Widder gilt als abenteuerlustig, durchsetzungsstark und unkompliziert. Nun würde das erste Haus auch unter dem Einfluss des Planeten Mars stehen, der ebenfalls mit dem Tierkreiszeichen Widder verbunden ist. Dieser würde eine gewisse Dominanz mit sich bringen und eventuell sogar Aggressivität. Der vorher selbstbewusste Widder würde nun vielleicht eher als hitzköpfig und stur gesehen werden. Er selbst würde sich für das Maß der Dinge halten und dies auch nach außen transportieren.

Würde stattdessen der Merkur im ersten Haus stehen, der als Kommunikationsverstärker fungiert, könnte dieser die offene und enthusiastische Art des Widders wecken, der sich dann charmant in intellektuell fordernde Gesprächsthemen einbringt. Hier zeigt sich, welch starken Einfluss die Planeten auf das Innenleben und auch auf die Außenwirkungen entfalten können.

**Infobox:**
In der Antike wurde für das erste Haus auch der lateinische Begriff „Horoscopium“ oder der griechische Begriff „horoskopeion“ benutzt. Beides bedeutete „Instrument zum Erkennen oder Deuten der Geburtsstunde“. Damals wurden Aszendent und Horoskop als Synonyme genutzt. Mit der Zeit wurde das Wort „Horoskop“ für den gesamten Himmelskompass genutzt, wie wir es heute kennen.

Würden wir die Bedeutung des ersten Hauses in Fragen formulieren, so wären es: „Wer bin ich und wie zeige ich mich?“ – Die Frage richtet sich hier also nach der Persönlichkeit des Individuums.

## 2. Haus: Erwerb und Besitz

Das zweite Haus ist dem ersten Haus nachfolgend und von der Interpretation des ersten Hauses losgelöst. Das zweite Haus befindet sich unterhalb der Horizontachse und repräsentiert die Unterwelt. Die Antike prägt die Vorstellung zur Unterwelt als ein Reich der Schätze, Mineralien und Reichtümer. In der hellenistischen Zeit wurde das zweite Haus auch als das „Tor zur Unterwelt" oder „Tor des Hades" bezeichnet.

In dem zweiten Haus geht es also um materielle Güter und die Einstellung zu Geld und weltlichen Gütern. Eine Unterscheidung ist jedoch hierbei zu tätigen: Es geht nicht um Immobilien (diese sind Thema im vierten Haus). Hier zeigt sich, wie auch die persönliche Einstellung zu Geld und Erwerb ist, ob eher sparsam gelebt wird oder verschwenderisch, ob jemand die Fähigkeit hat, die Ressource Geld zu erwerben und zu verwalten, oder nur eine davon oder vielleicht beide nicht. Auch zeigt sich, ob weltliche Güter vielleicht überhaupt nicht interessant sind.

Des Weiteren geht es hier um den Austausch von Ressourcen, also um Handel. Hier zeigt sich die zwischenmenschliche Interaktion in diesem Zusammenhang, zum Beispiel, ob man kurzfristig oder langfristig in Güter oder auch in menschliche Beziehungen investiert. Im Hinblick auf den Aspekt Erwerb zeigt sich hier, ob man eher zum gleichen Händler des Vertrauens geht, da die zwischenmenschliche Komponente mehr wert ist als ein eventuell besserer Preis bei Unbekannten.

Das zweite Haus steht zwar nicht im direkten Zusammenhang mit den Eigenschaften des ersten Hauses, doch ermöglicht es als „Broterwerb" das auszuleben, was uns im ersten Haus ausmacht.

**In unserem Beispiel würde das wie folgt aussehen:**

Das Tierkreiszeichen Stier steht im zweiten Kreis. Der Stier verfügt über Ausdauer und Gelassenheit – ein Vorteil, was den Handel angeht. Nun wirkt der Planet Venus im zweiten Haus mit den Eigenschaften des Sinns für Schöne und Ästhetik. Das kann hier dazu führen, dass im Hinblick auf den Erwerb materieller Güter eher auf Glanz und Schein geachtet wird als auf echte Nützlichkeit, und auch, dass es durch den Einfluss des

Stieres mehr um den Spaß des Erwerbs geht, also um die Jagd, als um die Trophäe.

Würde der Mond im zweiten Haus wirken, könnten materielle Güter als Sicherheitsnetz verstanden werden. Die Talente des Stiers könnten dazu eingesetzt werden, der täglichen Arbeit und der Anschaffung von käuflichen Dingen einen besonderen Sicherheitsaspekt beizumessen, um einer eventuell tiefen Angst entgegenzuwirken.

Die Frage hierbei ist: „Wie ermögliche ich meinen Lebensstil?"

## 3. Haus: Unmittelbare Interessen und Beziehungen

Bewegen wir uns weiter im Gegenuhrzeigersinn und schauen uns die Bedeutung des dritten Hauses an. Während im ersten und zweiten Haus langfristigere Bereiche mit einem höheren Radius thematisiert werden, begrenzt sich der Bereich des dritten Hauses auf einen viel kleineren Radius. Die Unmittelbarkeit des dritten Hauses beschreibt das, was täglich und regelmäßig erreichbar ist. Wie treten wir dem Verkaufspersonal im Laden gegenüber? Wie bewegen wir uns durchs alltägliche Leben und wie ist da unsere Kommunikation mit täglichen, weniger tiefen Verbindungen? Hier geht es um den Informationsaustausch, den wachen Blick nach Neuem und darum, wie wir eher oberflächliche Beziehungen eingehen und erhalten.

Da Beziehungen nicht nur durch direkte Interaktion gepflegt werden, umfasst in der modernen Welt auch das, was früher der Brief war, die tägliche Kommunikation über soziale Medien oder etwaige Telekommunikationsdienste.

Das dritte Haus ist bedeutsam für den täglichen Radius und die Routinen, die man durchführt. Es geht um die Wichtigkeit der eigenen täglichen Kontinuität, die zufällige Interaktion mit unterschiedlichen Figuren, aber auch mit Menschen, die vielleicht durch ein Hobby miteinander verbunden sind, zum Beispiel der nette Plausch beim Bäcker am Morgen, eine Interaktion mit jemandem, der Flyer auf der Straße verteilt, oder das Aufeinandertreffen mit Bekannten bei dem abendlichen Sportkurs.

Hier wird allerdings auch das Verhältnis zu Geschwistern symbolisch thematisiert, jene, die mit uns aufgewachsen sind und mit denen wir instinktiv und automatisch interagieren. Anders als unsere Eltern oder Kinder, die in einem Ober- oder Unterverhältnis stehen, befinden sich unsere Geschwister neben uns mit einer Kommunikation auf Augenhöhe.

Zur weiteren Veranschaulichung soll auch hier unser Beispiel dienen, mit dem Tierkreiszeichen Zwillinge im dritten Haus. Die Eigenschaften des Zwillings sind Aktivität, Neugierde und Wendigkeit. Nehmen wir an, der Jupiter würde im dritten Haus wirken. Hier würden sich dann die Fähigkeiten des Wachstums voll entfalten. Insbesondere die Intuition nimmt einen besonderen Platz ein und Interaktionen gehen leichter mit dem Bauchgefühl vonstatten als mit zu vielen Überlegungen. Die Zwillinge können sich schnell und mühelos durch viele verschiedene Interaktionen bewegen, ohne müde zu werden.

Würde der Pluto ins dritte Haus fallen, könnte die Leichtigkeit in diesen täglichen Dingen verloren gehen. Die hohe Kontaktfreudigkeit könnte zu einer Überlastung führen und zu einer Unfähigkeit, sich von Dingen abzugrenzen.

Hier stellen wir uns die Frage: „Was habe ich heute Neues entdeckt und über wen oder was denke ich nach?“

## 4. Haus (IC): Herkunft und Familie

Kommen wir nun zum vierten Haus. An dessen Spitze steht der Imum Coeli, der IC, welcher die Himmelstiefe markiert. Es handelt sich um den tiefsten Punkt unter der Horizontachse und repräsentiert die Herkunft und Verwurzelung.

Die Wurzeln unseres Lebens sind die Herkunft und die originäre Familie. Dazu gehört nicht nur die Blutslinie, sondern auch die Personen, die uns in der Kindheit geprägt haben, die Kultur, in der wir aufgewachsen sind, meistens im Zusammenhang mit dem Ort, den wir unser erstes Zuhause nannten, zählen dazu. Blicken wir dort bewusst hin, so werden uns die frühkindlichen Prägungen bewusst. Diese zeigen unser Bild auf das, was wir als Familie und Heimat definieren, wo wir uns wohl fühlen und welche Umgebung wir für uns selbst kreieren.

Hier wird das Haus auch als Immobilie verstanden, als Teil des Zuhauses, welches wir uns selbst gestalten. Nehmen wir dazu ein Extrembeispiel: jemand, der als Nomade lebt. Diese Person definiert unter Zuhause sicher etwas anderes als jemand, der traditionell das gekaufte Einfamilienhaus als eigenes Zuhause ansieht. Dies könnte für einen Nomaden ein Zelt sein, eine Decke, die Stimme einer geliebten Person oder ein abendliches Ritual, welches das Gefühl von „Zuhause“ auslöst.

Unsere Wurzeln liegen im Verborgenen. Als tiefster Punkt des Himmels kann analog auch die Tiefe unserer Herkunft und unseres Wesens gesehen werden, die Saat, aus der wir uns entwickelt haben und gewachsen sind. Aber auch der Tod, als Gegenstück zum Leben, spielt hier eine Rolle. Im vierten Haus ist zudem der Ahnenkult ein Thema. Wo kommen wir her? Was hinterlassen wir unseren Nachfahren, was ist unser Erbe?

Blicken Sie sich in Ihrem Zuhause um, was sehen Sie? Was davon erinnert Sie vielleicht an Ihre Kindheit und womit verknüpfen Sie das Heimatgefühl?

Das Zuhause, die Umgebung, die wir kreieren, ist das Spiegelbild unserer innersten Vorstellung von dem, was wir als Heim ansehen.

Halten wir uns an unser Beispiel, würde nun der Krebs als Tierkreiszeichen in das vierte Haus fallen. Der Krebs gilt als verträglich, verträumt, aber auch zielbewusst.

Würde nun Merkur ins vierte Haus fallen, könnte dies dazu führen, dass viele Fragen innerhalb der Familie aufkommen, um mehr über sich selbst zu erfahren. Für den verträumten und freundlichen Krebs gäbe es dann vielleicht kein Halten mehr, weitere Informationen über die Herkunft einzuholen.

Ganz anders könnte es aussehen, wenn die Venus im vierten Haus wirkt. Dann ist es womöglich an der Zeit, sich die Umgebung nach eigenen Vorlieben zu gestalten. Der Krebs könnte sich hier als ausgezeichneter Gastgeber präsentieren, der weiß, wie man für Gemütlichkeit sorgt, und der oft und gerne Gäste um sich hat.

Die Leitfrage dieses Hauses ist: „Wo komme ich her, was bringe ich mit und was hinterlasse ich?“

## 5. Haus: Kreativität und Vergnügen

Bewegen wir uns im Gegenuhrzeigersinn weiter und kommen zum fünften Haus. Während das vierte Haus sich mit tiefen Themen beschäftigt, die in uns verwurzelt sind, beschäftigt sich das fünfte Haus mit dem materiellen und körperlichen Glück der Person.

Die Hauptthemen des fünften Hauses sind zum einen Kinderwunsch und zum anderen Glück und Freuden des einzelnen Individuums.

Wir befinden uns weiterhin unter der Achse des Horizonts und demnach blicken wir noch immer zum Teil nach innen. Dieser Blick richtet sich auf den Kinder- und Reproduktionswunsch. Hier erkennt man auch die Verbindung zum vorherigen, dem vierten Haus. Der Wunsch nach körperlicher Nähe in schwachen und starken Ausprägungen wird hier deutlich sowie auch die Leidenschaft, die jemanden ausmacht, vor allem in körperlicher Hinsicht, allerdings auch in anderen Lebensbereichen.

Zum zweiten Thema gehört alles Künstlerische, Freudige und das, wobei Glück empfunden wird. Hier erkennen wir unsere Talente und setzen diese ein. Alles, was zu den darstellenden Künsten gehört und vor dem Hintergrund des Vergnügens ausgeübt wird, zeigt sich hier.

Um beide Themen zu verbinden, geht es hier um das Schöpferische – sei es die biologische Schöpfung oder die künstlerische, in der das Bedürfnis nach Selbstausdruck und Einsetzen der Talente deutlich wird.

Hierbei geht es nicht darum, ein Ziel zu verfolgen, wie zum Beispiel, durch die Kunst Einkommen zu generieren, sondern um die Freude des Moments und des „Seins".

Gemäß unserem Beispiel würde im fünften Haus nun der Löwe herrschen. Er gilt als selbstsicher und steht gerne in der Mitte der Aufmerksamkeit. Nehmen wir an, Neptun würde seinen Einfluss im fünften Haus entfalten: Dies könnte sich so auswirken, dass der Löwe nicht unbedingt selbst etwas darstellt, aber in der Lage ist, kreative und verzaubernde Welten zu erschaffen, in die er andere Menschen mit Leichtigkeit verführt. Hier könnte sich seine Vorliebe fürs Dramatische zeigen oder erst entwickeln.

Würde Pluto im fünften Haus herrschen, könnte hier durch den unermüdlichen Löwen wahrhaft Außergewöhnliches in Richtung Kunst vollbracht werden. In sexueller Hinsicht könnte hier Vorsicht geboten sein. Der dominante Löwe könnte sich in Macht-Spielen verlieren und seine eigene Essenz vergessen.

Hier wird die Antwort auf die folgende Frage gesucht: „Wobei empfinde ich Freude und in welcher Rolle möchte ich sein?"

## 6. Haus: Alltag und Arbeit

Bei den Themen des sechsten Hauses handelt es sich um positive, aber auch negative Bereiche. Hier beschäftigen wir uns unter anderem auch mit der Gesundheit, allerdings nicht nur für einen selbst.

Das große Thema Gesundheit: Im sechsten Haus wird es von verschiedenen Seiten beleuchtet. Es kann sich hier zum einen um die eigene Gesundheit handeln und zum anderen auch darum, ob man sich gegebenenfalls im medizinischen Bereich aufhält, beispielsweise berufsbedingt.

Die Wichtigkeit des Themas Gesundheit oder Körperarbeit zeigt sich im sechsten Haus. Da dieses das letzte Haus ist, welches sich noch unter der Horizontachse bewegt, gilt es auch als das Haus zwischen den Welten. Daher zeigt sich hier auch, ob beispielsweise eine Anfälligkeit für psychosomatische Krankheiten besteht. Hier ist der Schnittpunkt zwischen Körper und Geist und insbesondere die Art, wie wir unseren Körper, oder den anderer Menschen, behandeln, steht hier im Fokus.

Unser Körper ist das, was uns mit der materiellen Welt verbindet. Im sechsten Haus zeigt sich die generelle Konstitution, ob und wofür man besonders anfällig ist. Das könnten Sensibilitäten gegenüber Lebensmitteln oder anderen Stoffen sein. Auch wichtig ist, ob man sich eher durchbeißt, wenn es schwierig ist, oder eher dazu tendiert, Energie zu sparen und vorerst den einfachen Weg zu gehen.

Da das sechste Haus für den Alltag und die tägliche Arbeit steht, geht es hier auch um den Broterwerb. Dieser muss nicht unbedingt mit der Berufung oder mit der Sinnhaftigkeit in der Arbeit, nach der man selbst strebt, übereinstimmen. Hier geht es eher darum, wie und in welcher Art und Weise Pflichterfüllungen wahrgenommen werden. Vielleicht haben Sie schon einmal den Ausdruck „im Hamsterrad gefangen sein" gehört. Das sechste Haus kann durchaus so ausgelegt werden, dass es dieses Hamsterrad darstellt. Um den Bogen zur Gesundheit zu schlagen, wird sich hier auch zeigen, welche Auswirkungen diese Form der Arbeit auf einen selbst hat.

Führen wir unser Beispiel fort, so würde die Jungfrau im sechsten Haus herrschen. Ihr werden die Eigenschaften fleißig, arbeitsam und ehrlich zugesprochen. Nehmen wir an, die Sonne würde im sechsten Haus wirken. So wäre die Jungfrau das klassische Sternzeichen hier. Die Sonne würde das Engagement hier noch verstärken und zudem könnte der Wunsch nach Klarheit und Vollkommenheit in der Tätigkeit aufkommen.

Würde statt der Sonne der Planet Mars im sechsten Haus stehen, könnte dies auf einen unermüdlichen Aktivismus hindeuten und eine unvergleichliche Arbeitsmoral, die auch in gute Ergebnisse mündet. Dies könnte sich allerdings auch zu Ausgebranntheit und zu wenigen Erholungsphasen entwickeln.

Die Leitfrage dieses Hauses ist: „Welches Verhältnis habe ich zum Körperlichen und zu meinem Broterwerb?"

## 7. Haus (DC): Beziehung und Partnerschaft

Passieren wir nun die Horizontachse und widmen uns dem siebten Haus. An dessen Spitze steht der Deszendent (DC), der Punkt, an dem die Sonne im Westen absteigt.

Wie wir bereits aus den vorherigen Kapiteln gelernt haben, erkennen wir am Deszendenten, wie unsere Beziehungen zu anderen Menschen definiert werden. Eines der damit zusammenhängenden Themen ist das der Vervollständigung. Erinnern wir uns daran, dass das erste Haus und der Aszendent für das „Ich" stehen, so beschäftigt sich das gegenüberliegende siebte Haus mit dem „Du", insbesondere in Form der Partnerschaft.

In Abgrenzung zum fünften Haus, in dem eher die Form oberflächlicher Beziehungen behandelt wird, geht es im siebten Haus um langfristige oder sogar lebenslange Partnerschaften. Damit sind lebenslange Freundschaften sowie geschäftliche Partnerschaften gemeint. Wichtig dabei ist, zu berücksichtigen, dass das „Ich" und das „Du" nicht voneinander abgelöste Elemente sind, sondern sich komplementär, also ergänzend, zueinander verhalten. Das siebte Haus zeigt uns also den Umgang mit und das Verhältnis in Beziehungen, die uns ein Leben lang begleiten. Dabei muss es nicht immer harmonisch zugehen.

Konflikte und der Umgang mit diesen gehören auch zur Thematik des siebten Hauses. Blicken wir ganz klassisch auf ein Liebespaar, so sind dort Harmonie und Streit oftmals nur einen Satz oder einen Tonfall voneinander entfernt.

Das siebte Haus kann Hinweise geben, ob und wie viele enge Beziehungen das einzelne Individuum braucht und worauf es bei der Pflege dieser Beziehungen, aber auch bei der Streitkultur achten sollte.

**Wie würde das anhand unseres Beispiels aussehen?**

Das siebte Haus steht im Tierkreiszeichen Waage. Ihr werden die Eigenschaften zugesprochen, dass sie äußerst diplomatisch ist, schmeichelnd und umgänglich. Ihr Herrscherplanet ist die Venus. Nehmen wir an, dieser würde auch auf das siebte Haus einwirken. Vermutlich würde das zu harmonischen und friedvollen Bindungen führen, die schnell eingegangen werden. Dabei zu beachten ist jedoch, die eigenen Grenzen zu wahren und originäre Interessen nicht zugunsten der Beziehung zu vergessen. Würde dagegen der Uranus im siebten Haus wirken, könnte das auf eine Achterbahnfahrt der Gefühle hindeuten. Ein ständiges Auf und Ab, welches abseits jeglicher Normen stattfindet.

Die Frage, die wir uns im siebten Haus stellen, lautet: „Wen möchte ich ein Leben lang an meiner Seite haben?"

## 8. Haus: Materielle Verluste und gemeinschaftliches Gut

Wenden wir uns nun der Symbolik des achten Hauses zu. Dieses befindet sich absteigend Richtung Westen, also direkt über dem Deszendenten. Aus diesem Grund wird es mit dem Tod und der Vergänglichkeit assoziiert. Hier blicken wir auf weniger Spirituelles, sondern mehr auf das Materielle, zu welchem der Körper ebenfalls gehört.

Im achten Haus werden wir mit der eigenen Vergänglichkeit konfrontiert, aber auch mit den Hinterlassenschaften, die wir der Welt vererben. In Abgrenzung zum vierten Haus handelt es sich eher um Verbleibe, die dem Gemeinwohl dienen, als um Vermächtnisse an direkte Nachkommen. Das Wohl und die moralische Verantwortung gegenüber gemeinschaftlichem Gut, insbesondere im Hinblick auf die Thematik der Vergänglichkeit, stehen hier im Vordergrund.

Zum Beispiel: Wenn jemand einzigartige Talente vorweist oder über Wissen verfügt, das der Allgemeinheit dient, so wäre es hier moralisch richtig, das Wissen vor dem Tod weiterzugeben, damit es in der Welt bleibt. Auch Erbgut im allgemeinen Sinne würde hierzu zählen. In einem früheren Kapitel haben wir die Astrologie als „antikes, geistiges Erbgut" kennengelernt. Die Aufzeichnungen der Gelehrten für die Nachwelt können als Verantwortlichkeit für gemeinschaftliches Gut verstanden werden.

Hier sehen wir, dass das achte Haus durchaus auch negative Aspekte des Lebens thematisiert. Denn die Kehrseite von gemeinschaftlichem Gut ist der Materialismus für den Einzelnen. Fragen von Status oder Macht können hier ebenfalls auftauchen und im nächsten Schritt auch, ob Status und Macht dem Wohle der Allgemeinheit dienen oder ob diese ungenutzt aus der Welt scheiden.

Blicken wir noch einmal auf unser Beispiel, steht das achte Haus im Tierkreiszeichen Skorpion. Einige der Eigenschaften des Skorpions sind Fleiß, Tiefgründigkeit und Widerstandskraft sowie eine gute Menschenkenntnis. Würde nun der Planet Merkur im achten Haus unter dem Tierkreiszeichen Skorpion stehen, könnte dies auf stark ausgeprägte handwerkliche Fähigkeiten hinweisen. Der fleißige Skorpion könnte Gegenstände erschaffen, die mit einem unvergleichbaren Blick für Detailarbeit bis nach seinem Tod in der Welt bestehen bleiben und bewundert werden.

Angenommen, der Mond wäre Herrscher des achten Hauses, so würde hier der Fokus auf den Gefühlen liegen. Die Tiefgründigkeit des Skorpions könnte sich darin zeigen, dass er zu viel grübelt und ein starkes Bedürfnis nach Sicherheit hat, welches er durch Anhäufung von Besitztümern auslebt.

Die Leitfrage des achten Hauses wäre: „Was hinterlasse ich der Welt, um sie zu verbessern?"

## 9. Haus: Weltanschauung und ferne Länder

Treffen wir nun im neunten Haus ein, welches das Zuhause der Astrologie darstellt. Erinnern wir uns an die Historik der Astrologie, bemerken wir, dass diese mit der Thematik des neunten Hauses stark verbunden ist.

Im neunten Haus geht es darum, seinen Horizont zu erweitern, insbesondere im Hinblick auf das Reisen in ferne Länder. Ähnlich wie die Astrologie, die sich durch den Einfluss verschiedener Kulturen zu dem entwickelt hat, was sie heute ist, symbolisiert das neunte Haus die persönliche Entwicklung bezogen auf die Aspekte Weltanschauung, Religionen und dem Sinn des Lebens.

Insbesondere Religionen und Glaubensrichtungen spielen hier eine Rolle, jedoch nicht im Sinne der Arbeit von Missionaren, die ihre eigene Weltanschauung an andere weitergeben wollen, sondern genau andersherum: Über das Eintauchen in verschiedene Glaubensrichtungen will das Individuum die persönliche Wahrheit finden.

Ein Gegenbeispiel wäre hier, unreflektiert die Religion oder Weltanschauung des Herkunftsumfeldes, familiär und kulturell, ohne weiteres Hinterfragen zu übernehmen.

Das neunte Haus blickt zur Horizontachse und genau dorthin wollen Menschen, die davon stark beeinflusst sind, sich auch hinbewegen. Das Reisen ist dafür essentiell, insbesondere in weit entfernte Länder. Je weiter weg, desto fremder werden uns die Kulturen und Religionen und desto mehr Wissen werden wir dort auch erlangen.

Denken wir an den Werdegang der Astrologie, so hat diese ebenfalls eine Reise durch die ganze Welt gemacht – welche auch noch andauert. Auch sie hatte ihre Berührungspunkte mit der Religion und mit Weltanschauungen, zu denen auch Okkultes und Wahrsagerei gehören, wie in der New-Age-Ära.

In unserem Beispiel würde das neunte Haus im Tierkreiszeichen Schütze stehen. Dieser gilt als aufrichtig, begeisterungsfähig und freiheitsliebend. Angenommen, der Neptun würde hier einfließen, könnte dies darauf deuten, dass eine Tendenz zur Leichtgläubigkeit vorliegt.

Würde der Saturn im neunten Haus stehen, ist hier eher auf die Schnelligkeit zu achten. Zu viele und zu schnelle Wechsel zwischen Orten und Wissensansammlungen könnten überfordernd sein, wenn sich nicht ausreichend Zeit zur Verarbeitung genommen wird.

Die Leitfrage des neunten Hauses lautet: „Wie kann ich meinen Horizont erweitern, um lebensbedeutende persönliche Fragen zu beantworten?"

## 10. Haus (MC): Beruf und Berufung

Das zehnte Haus symbolisiert Erfolg, öffentliches Ansehen und Karriere. Neben dem Aszendenten ist der MC einer der wichtigsten Punkte im Horoskop. Der MC steht an der Spitze des zehnten Hauses. Das zehnte Haus kann damit energetisch ein sehr starkes Haus sein. Wie wir mit dem MC im Ganzzeichensystem umgehen, erfahren wir am Ende des Kapitels.

Im Gegensatz zum sechsten Haus, in dem die Arbeit dem reinen Broterwerb dient, steht hier mehr die Berufung in der täglichen Ausübung des Berufes im Vordergrund. Wie dies aussieht, kann ganz unterschiedlich sein. Die Frage dahinter ist vielmehr, ob man darin ein höheres Gut sieht und es Sie in genau diesen Bereich zieht. Zum Beispiel wären typische Berufe des zehnten Hauses Politiker, Unternehmer und Inhaber von Vorgesetztenfunktionen, die sich mit ihrer Arbeit durch und durch identifizieren können. Auch das öffentliche Ansehen spielt hier eine Rolle. Dieses kann durch eigenen Erfolg eintreten oder auch durch eine Partnerschaft mit jemandem, der öffentliches Ansehen genießt.

In diesem Haus zeigt sich ein unermüdlicher Ansporn, nach dem zu streben, was einem wichtig ist und woran man glaubt. Es zeigt, an welcher Stelle man sich in der Gesellschaft selbst positioniert, um diese nach den eigenen Werten mitzugestalten.

Für den Einzelnen kann dies bedeuten, dass man selbst nach dem öffentlichen Ansehen strebt und diesen Weg für sich einschlagen möchte. Es kann jedoch auch bedeuten, dass sich dahinter Konfliktpotential verbirgt, zum Beispiel, indem man Autoritäten nicht anerkennt und oft in Konflikte mit Vorgesetzten oder Behörden tritt.

Hier kann auch ein innerer Konflikt auftreten, indem man beispielsweise erkannt hat, zu viel Fokus auf den reinen Broterwerb gelegt zu haben. Sobald der Ruf des zehnten Hauses ertönt, werden diese Personen vermutlich eher nach der Berufung suchen und die Bedeutsamkeit des sechsten Hauses nimmt ab.

Nehmen wir erneut unser Beispiel zur Hand, würde in diesem Haus der Steinbock eintreffen, mit seiner Geradlinigkeit und seinem Sinn für Realismus. Angenommen, der Steinbock wäre auch das Sternzeichen, dann würde also die Sonne auch im zehnten Haus Einfluss nehmen. Der zielstrebige Steinbock würde dann vermutlich jeden noch so hohen Berg erklimmen (wollen), wäre jedoch auch viel von Anerkennung abhängig.

Würde hingegen der Pluto im zehnten Haus stehen, könnte dies darauf hinweisen, dass jetzt die Zeit dafür ist, andere Blickwinkel einzuschlagen und die eigene, eher konservative Haltung etwas zu lockern.

Die Leitfrage des zehnten Hauses wäre: „Welchen Sinn sehe ich in meiner täglichen Arbeit?"

## 11. Haus: Freunde und das Verhältnis zur Gesellschaft

Im 11. Haus steht die Symbolik von Begleitern und Wohltaten im Vordergrund. Unter Begleiter können ganz klassisch Freunde fallen, also diejenigen, mit denen wir freiwillig unsere Freizeit verbringen.

Es können aber auch Begleiter sein, die in anderen Kontexten zu uns stehen, wie Unterstützer, Mentoren oder Lehrer. Auch im beruflichen Umfeld können darunter Menschen fallen, die einen fördern und eventuell auch schützen. Hierbei ist jedoch wichtig, dass es sich nicht um ein hierarchisches Verhältnis handelt. Die Begleiter sind auf Augenhöhe zu verstehen.

Das Ideal dahinter ist, dass wir trotz vieler Differenzen und verschiedener Ansichten dennoch eine Gemeinschaft von Menschen sind – eine Gesellschaft, die einander unterstützen sollte.

Daher sind wir auch selbst als Begleiter zu verstehen. Dies kann sich widerspiegeln in Organisationen, Vereinen oder Verbänden, in die wir eintreten. Das 11. Haus ist ein soziales Haus, welches auf Vertrauen sowie auf Geben und Nehmen beruht.

Nicht zu verwechseln ist es jedoch mit dem Thema „Berufung" im zehnten Haus, das eine andere Motivation als Handlungshintergrund hat. Im 11. Haus geht es vielmehr um gute Taten als um Karriere. Demnach spielt es sich auch mehr im Freizeitbereich ab oder in freiberuflichen Sektoren. Hier haben zudem Wünsche und Hoffnungen ihren Platz und deren Erfüllung mit Hilfe von anderen Menschen. Daher umgibt man sich auch eher mit Menschen, die ähnlich gelagerte Wünsche haben.

Angelehnt an unser Beispiel würde das Tierkreiszeichen Wassermann ins 11. Haus fallen. Der Wassermann gilt als ideenreich, reformbestrebt und zukunftsorientiert. Würde der Saturn auch ins 11. Haus fallen, könnte dies darauf hindeuten, dass es zwar viele Bekannte und Freunde im selben Alter gibt, jedoch zu wenig Einfluss älterer Generationen. Wie würde es aussehen, würde die Venus im 11. Haus wirken?

Das Haus wäre vermutlich immer voll mit Freunden und welchen, die es werden wollen. Die Menschen würden sich in der Nähe des Wassermanns immer wohlfühlen und oft den Kontakt suchen.

Die Leitfrage des 11. Hauses ist: „Wie können wir gemeinsam wachsen und unsere Wünsche erfüllen?"

## 12. Haus: Anonymität und Überpersönliches

Das 12. Haus ist ein mystisches Haus, in dem Themen behandelt werden, die sich eher im Verborgenen verstecken. Das liegt daran, dass das 12. Haus das Haus „zwischen den Welten" repräsentiert, es steht direkt im Osten an der Horizontachse über dem Aszendenten. Da der Aszendent die Geburtsstunde markiert und sich das Horoskop im Uhrzeigersinn bewegt, ist das 12. Haus thematisch direkt mit der Zeit nach der Geburt verbunden. Es markiert also die Zeit, in der man sich noch in der Welt zurechtfindet. Was bedeutet das aber für erwachsene Menschen?

Hier richtet sich der Blick ganz stark nach innen, in die persönliche Weisheit. Anders als im neunten Haus, in dem Weisheit von außen gesucht wird, geht es im 12. Haus um die Findung der eigenen, inneren Wahrheit.

Hier findet sich alles, was verborgen und von der Öffentlichkeit ferngehalten wird, wie Träume, tief verborgene Ängste und Bedürfnisse. Es symbolisiert auch das Rausnehmen aus der Gesellschaft, eine Form der freiwilligen oder auch unfreiwilligen Einsamkeit.

Im 12. Haus findet sich auch das Thema Flucht. Dabei kann es sich um eine echte Flucht handeln, wie aus einem unsicheren Land, jedoch auch um Flucht aus einem ungeliebten Job oder einer ungesunden Beziehung. Es kann auch allgemein die Flucht aus dem Leben sein.
Drogen und Rauschmittel sind hier ebenfalls ein charakteristisches Thema, insbesondere psychedelische Drogen, die den Blick nach innen kehren, und eher weniger gesellschaftliche Rauschmittel.

Auch das Thema Krankheiten findet sich hier erneut wieder. Jedoch, anders als im sechsten Haus, in dem körperliche Krankheiten im Vordergrund stehen, geht es hier mehr um chronische, langfristige Krankheiten und insbesondere Krankheiten des Geistes.

Mit dem 12. Haus wird darüber hinaus die Melancholie verbunden sowie die Depression. Auch hierbei handelt es sich um ein Abwenden aus der Gesellschaft und das Gefühl, mehr bei sich zu sein.

Es steht jedoch auch für die spirituelle Erleuchtung, die meistens nach einer Leidensgeschichte und im Zusammenhang mit Einsamkeit eintritt.

Kommen wir zu dem letzten Tierkreiszeichen unseres Beispiels, das sich im 12. Haus befindet: Fische. Hier finden sich Charakteristika wie Empfindlichkeit und eine inspirierende Wirkung auf Mitmenschen.

Würde nun der Planet Mars im 12. Haus wirken, könnten sich hier eine starke Energie und Leidenschaft auf eine wenig kämpferische Weise zeigen, zum Beispiel in der Erschaffung von Kunst.

Hätte der Jupiter Einfluss im 12. Haus, könnten unter Fische Geborene hier ihre humanitäre Ader ausleben und zum Beispiel anderen helfen, eine höhere spirituelle Ebene zu erreichen.

Die Leitfrage des 12. Hauses ist: „Wie verbinde ich mich mit meinem Innersten?"

## Die Bedeutung des MC und IC im Ganzzeichenhäusersystem

Nachdem wir nun die Symbolik der einzelnen Häuser kennengelernt haben, blicken wir noch einmal zurück auf den Anfang des Kapitels zu den drei Berechnungsmethoden der Häuser. Denken wir erneut daran zurück, wissen wir, dass im Quadrantenhäusersystem der MC an der Spitze des zehnten Hauses steht und der IC an der Spitze des vierten Hauses.

Würden wir jedoch Ganzzeichenhäuser oder Äqualhäuser berechnen, so würden MC und IC nicht unbedingt an der Spitze der Häuser zehn und sieben fallen, sondern sie könnten zufällig in eines der anderen Häuser fallen. Dabei wird sich MC jedoch naturgemäß immer über dem Achsenhorizont befinden und IC immer unterhalb.

Gehen wir nun davon aus, dass der MC zum Beispiel ins neunte Haus und der IC ins sechsten Haus fällt, wie behandeln wir das?

Es gibt zwei Möglichkeiten, damit umzugehen.

**Erste Variante:**

Aspekte des zehnten Hauses werden mit in das Haus genommen, in dem sich der MC befindet. Das bedeutet hier, das neunte Haus würde seine Interpretation behalten und weitere Aspekte des zehnten Hauses hinzubekommen. Diese würden in Verbindung mit der Symbolik des neunten Hauses interpretiert werden. Das zehnte Haus verliert seine Aspekte nicht, diese werden dort weiter wie gehabt behandelt. Für den IC und das sechste Haus gilt es entsprechend. Im siebten Haus werden die Aspekte weiterhin wie gehabt interpretiert; im sechsten Haus jedoch findet eine Vermischung der Symbolik des sechsten und des siebten Hauses statt.

**Zweite Variante:**

Der MC und der IC werden als energetische Punkte behandelt und sind von den Häusern zehn und sieben als völlig losgelöst zu betrachten, je nachdem, in welches Haus diese nun fallen.

Fällt MC also in das neunte Haus, behält es die Symbolik bei, genauso wie das zehnte Haus. Jedoch verstärkt sich die Symbolik des neunten Hauses, es hat demnach mehr Einfluss auf das Leben und dort sollte besonders hingeschaut werden. Für IC gilt dasselbe.

Welche der beiden Varianten nun vorzuziehen ist, bleibt dem Astrologen überlassen, genauso wie beim Berechnungssystem.

Vielleicht finden Sie nach einer Weile und mit etwas Übung Ihre Vorliebe für eines der Berechnungssysteme. Das Handwerk dazu haben Sie nun. Probieren Sie es aus.

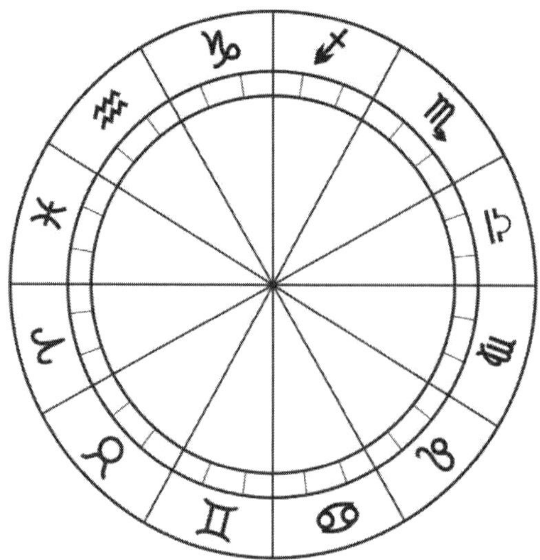

# EIN SPAZIERGANG IN DER NACHBARSCHAFT

Audiodatei 1

*Ein Spaziergang in der Nachbarschaft*

Raucht Ihnen auch schon der Kopf von der Anzahl an interessanten, aber vielfältigen Informationen? Dann ist vielleicht ein kleiner Spaziergang genau das Richtige.

Wollen wir uns einmal in der Nachbarschaft umsehen und gehen dazu vor die Tür. Die Sterne beginnen schon in der Abenddämmerung, zu funkeln. Der Himmel färbt sich in den schönsten Farben: Orange, Rot, Pink, Lila und bereits Dunkelblau.

Wir stehen am Anfang einer Straße und schauen uns um. Links und rechts der Straße entlang sehen wir Häuser aufgereiht. Die Türen stehen einladend offen. Sind Sie auch neugierig, was uns wohl dort erwartet?

Betreten wir das erste Haus und finden es heraus. Im ersten Augenblick stocken Sie: Hier sind überall Bilder an der Wand, Bilder von Ihnen, die recht aktuell zu sein scheinen. Neben den Bildern finden sich auch einige Spiegel in verschiedenen Größen und Formen. Auch Vergrößerungsspiegel sind darunter. Sie blicken auf die Bilder, in manchen erkennen Sie sich wieder, andere sind nicht so gut gelungen. Ein Tonbandgerät erregt Ihre Aufmerksamkeit. Sie schalten es ein und hören Ihre eigene Stimme. „So hören mich also andere …“, stellen Sie amüsiert fest und sind erstaunt, dass es einen deutlichen Unterschied gibt zu Ihrer eigenen Wahrnehmung.

Sie schalten das Tonbandgerät wieder aus und verlassen das Haus. Neugierig geworden, was wohl im zweiten Haus auf Sie wartet, betreten Sie dieses ohne Umschweife. Das Haus ist vollgestellt mit Dingen. Manche davon funkeln und scheinen wertvoll zu sein, andere wiederum wirken wie Zufallskäufe. Ihr Blick fällt auf eine Schmuckschatulle, die reich verziert ist. Sie erfreuen sich an ihrem Anblick und haben das Gefühl, etwas Besonderes in der Hand zu halten. Sie könnten sich ewig die hübsch glänzenden Dinge ansehen, die dort wie verlorene Schätze aufgetürmt sind, aber die Geheimnisse der anderen Häuser warten. Sie legen die Schmuckschatulle wieder hin, erhaschen einen letzten, sehnsüchtigen Blick auf die Reichtümer und verlassen das zweite Haus.

Im dritten Haus angekommen, finden Sie direkt an der Eingangstür einen sehr vertrauten Gegenstand, der Sie schmunzeln lässt: Ihre Yogamatte. Diese haben Sie jeden Abend zum Kurs mitgenommen und anschließend eingerollt neben der Eingangstür für den nächsten Tag aufbewahrt.

Das dritte Haus zeigt sich sehr geordnet und voller interessanter Dinge. Sie sehen auf dem Tisch eine Karte für die schönsten Radtouren in der Nähe, die Sie unbedingt noch auskundschaften wollen. Daneben finden Sie einen Gutschein für ein Gratiseis bei Ihrer Lieblingseisdiele, der Ihnen an einem besonders sonnigen Tag geschenkt wurde.

Sie entdecken eine Tasse, die Sie sofort erkennen und laut lachen lässt. Die Aufschrift besagt: „Du bist nervig, aber ich liebe dich trotzdem – deine Schwester." Noch immer grinsend, verlassen Sie das dritte Haus.

Direkt daneben wartet das vierte Haus mit weit offener Eingangstür darauf, erkundet zu werden.

Kaum, dass Sie sich der Tür nähern, steigt Ihnen ein angenehmer Geruch in die Nase, den Sie sofort wiedererkennen: ein frisch gebackener Kuchen, wie aus Ihrer Kindheit. Eine Welle der Freude und Nostalgie steigt in Ihnen auf und Sie betreten freudig das vierte Haus. Sie kennen dieses Haus bereits, hier sind Sie aufgewachsen. Die Decke, mit der Sie sich gerne zugedeckt haben und die Ihre Großmutter für Sie gestrickt hat, hängt über einem Stuhl. Sie sehen viele Schwarz-Weiß-Fotos an der Wand: Generationen Ihrer Vorfahren. Doch etwas ist anders: Hier steht ein kleiner, runder Tisch, der so gar nicht zum restlichen, eher traditionellen Ambiente passen will. Sie erinnern sich: Das war die erste Anschaffung, die Sie für Ihr eigenes Zuhause getätigt haben. Gemütlichkeit macht sich breit. Bevor Sie in Versuchung kommen, ein kurzes Schläfchen zu halten, gehen Sie wieder hinaus in die frische Abendluft.

Sie stehen vor dem fünften Haus und bewundern die geschmackvolle und außergewöhnliche Fassade. Ein verspielter Rosenbogen steht noch vor der Eingangstür, um die sich wunderschöne rosafarbene Rosen ranken. Ihr Duft betört und Sie gehen leichtfüßig hindurch ins Haus. Das Innere des Hauses wirkt fast surreal. Verschiedene Formen und Farben vermischen sich hier, nichts wirkt langweilig oder standardisiert. An den Wänden hängen verschiedene Malereien, die allerdings noch nicht fertig zu sein scheinen. Sie entdecken eine Farbpalette in der Nähe und fangen an, ein paar Pinselstriche zu ziehen. Sofort werden Sie von Ideen überströmt, was Sie alles malen könnten. Der Pinsel fühlt sich gut an in Ihrer Hand und Sie erfreuen sich an dem unvergleichlichen Geruch der Farben. Bei so vielen Möglichkeiten beschließen Sie, dass genau jetzt der beste Zeitpunkt ist, das Haus wieder zu verlassen, bevor Sie dort gedankenverloren viele Stunden verweilen.

Von leisen Klavierklängen begleitet, verlassen Sie mit federnden Schritten das fünfte Haus.

Auf der Straße wieder angekommen, schütteln Sie noch die letzten Reste ihrer beflügelten Fantasie ab, denn Sie wollen offen sein für das, was das sechste Haus bereithält.

Neugierig betreten Sie das Haus und stocken. Sie sehen einen Schreibtisch. Genau genommen sehen Sie den Schreibtisch, den Sie auch so jeden Tag sehen, in Ihrem Büro. Wenig begeistert blicken Sie sich um, ob es noch etwas Spannendes zu entdecken gibt. Sie erspähen eine Kiste, in der verschiedene Behältnisse aufbewahrt sind. Sie erinnern sich, das sind verschiedene Anti-Allergika, die Sie zu bestimmten Zeiten einnehmen mussten. In der Nähe des Schreibtisches finden Sie noch eine hübsche Geburtstagskarte an Sie, unterschrieben von Ihren Arbeitskollegen. Sie lächeln angesichts der netten Geste und beschließen, das sechste Haus zu verlassen. Ihnen ist eher nach Abenteuern zumute.

Um Ihren Kreislauf etwas zu aktivieren, legen Sie einen Sprint zum siebten Haus hin. Aufgeputscht wollen Sie das Haus betreten und reißen die nur halb offenstehende Tür auf. Das Innere des Hauses wirkt, als ob jemand schnell alles hätte stehen und liegen lassen, als Sie angerannt kamen, und dann verschwunden wäre. Sie werden aus dem, was Sie dort sehen, nicht so ganz schlau. Verschiedene Bilder liegen unsortiert auf dem Tisch, neben einem leeren Fotoalbum. Es ist jedoch nicht ersichtlich, ob diese dort eingeklebt werden sollen oder entfernt wurden.

An der Seite des Raumes fällt Ihr Blick auf einen massiven Kleiderständer. Dieser sieht aus, als wäre das Haus eher um ihn herum gebaut worden. Er gibt Ihnen ein Gefühl der Stabilität und Sicherheit, während der Anblick auf das leere Fotoalbum gemischte Gefühle der Freude und auch Traurigkeit auslöst.

Auf dem Weg Richtung Ausgangstür sehen Sie aus dem Augenwinkel noch einen Briefumschlag, an Sie adressiert. Die Handschrift ist Ihnen unbekannt. Sie sind zwar neugierig auf das, was dort wohl so überraschend ins Haus eintraf, jedoch ist der Inhalt für einen anderen Tag bestimmt.

Sie gehen wieder hinaus und nehmen einige, tiefe Atemzüge. Sie blicken sich nicht noch einmal um, wenn Sie das siebte Haus hinter sich lassen.

Das achte Haus wird von der untergehenden Sonne in rötliches Licht getaucht und scheint wie aus einer anderen Welt. Der Anblick wirkt mächtig, macht Sie aber auch nervös. Sie fassen sich ein Herz und betreten leicht beunruhigt das Haus. Sie halten kurz die Luft an, blicken sich um, in Erwartung, etwas Negatives zu entdecken, und sehen: Bücher. Erstaunt blinzeln Sie und die Nervosität fällt von Ihnen ab. Das rötliche Licht tritt durch die Fenster und taucht das Innere des Hauses, welches einer Bibliothek gleicht, in warmes und freundliches Licht.

Das Haus bringt eine außergewöhnliche Stille mit sich. Auf Ihre Ohren wirkt es, als wären Sie aus einem lärmenden Zimmer gekommen und plötzlich unter Wasser getaucht. Sie müssen sich kurz an die Stille gewöhnen und beschließen, einen Blick in eines der Bücher zu werfen. Sie ziehen ein großes, antik wirkendes Buch aus dem Schrank und fangen an, zu blättern. Das Buch liegt schwer in der Hand. Erstaunt stellen Sie fest, dass hier verschiedene Schriften zu sehen sind, also haben mehrere Personen in dieses Buch hineingeschrieben. Sie blättern bis zum ersten unbeschrifteten Blatt. Ganz oben auf der Seite steht Ihr Name. Sie sind kurz versucht, zum Stift zu greifen und dort etwas einzutragen, erkennen jedoch: Es ist noch nicht an der Zeit, Ihre Eintragung zu machen.

Sie legen das Buch zurück und verlassen gedankenversunken das achte Haus. Draußen angekommen, brauchen Sie einige Augenblicke, um die Schwere des Buches abzulegen. Sie blicken die Straße entlang. Es stehen noch einige Häuser vor Ihnen.

Sicheren Schrittes betreten Sie das neunte Haus. Und stolpern. „Wer legt denn hier einen Koffer hin, mitten auf dem Weg?“, fragen Sie sich und blicken erbost auf den Koffer. Der Ärger weicht Belustigung, als Sie feststellen, dass es Ihr eigener Koffer ist, der offen im Weg liegt – bereit, befüllt zu werden und auf Reisen zu gehen. In dem Koffer ist viel Platz, jedoch scheint es in dem Haus nicht viel zu geben, was man einpacken könnte.

Da wird Ihnen klar, der Platz im Koffer dient nicht dazu, viel mitzunehmen, sondern viel mitzubringen. Einiges hat er bereits mitgebracht, wie Sie anhand von einigen aufgestellten Skulpturen erkennen können. Diese zeigen exotische Tiere und Gottheiten aus fremden Ländern. Neugierig geworden, nehmen Sie eine kleine Skulptur in die Hand. Sie hat eine seltsame Beschaffenheit, aus einem Material, das Sie nicht kennen. Gerne wüssten Sie, wer die Skulptur erstellt hat und warum. Die Antwort darauf befindet sich irgendwo draußen in der Welt.

Ihr Entdeckergeist ist geweckt, daher können Sie es kaum abwarten, herauszufinden, was sich in den anderen Häusern befindet. Rasch verlassen Sie das neunte Haus und eilen ins zehnte.

Hier wartet eine Überraschung auf Sie. Das Innere des zehnten Hauses ist eine Forschungsstation. Was genau geforscht wird, können Sie nicht sagen, es erinnert Sie jedoch daran, dass Sie schon immer von der Forschung und den Naturwissenschaften angetan waren. Der Anblick von Reagenzgläsern und verschiedenen Apparaten lässt Ihr Herz höherschlagen und Sie geraten ins Träumen. Hier könnte das Heilmittel für verschiedene Krankheiten gefunden werden – oder Methoden zur einfacheren Erstellung nebenwirkungsarmer Medikamente.

An einem Haken an der Wand entdecken Sie einen Laborkittel. Sie können nicht widerstehen, ihn kurz anzuprobieren. Er passt.

Etwas schwermütig hängen Sie ihn wieder an die Wand und verlassen das zehnte Haus. Ihr Kopf kreist um den Gedanken „Was wäre, wenn ...".

Auf der Straße wieder angekommen, hören Sie lauten Lärm. Musik, genau genommen. Sogar Ihnen bekannte Musik: Es ist eine Ihrer Lieblingsbands. Aufgeregt suchen Sie nach der Quelle und werden fündig: Im 11. Haus findet eine Party statt. Voller Freude betreten Sie das 11. Haus und fühlen sich sofort willkommen. Es ist eine Party wie so viele, die Sie gefeiert haben. Auf dem Tisch steht ein Gesellschaftsspiel, das nur darauf wartet, endlich begonnen zu werden. Mitten im Raum, quer über die Decke gezogen, befindet sich ein Banner mit der Aufschrift „Spendenparty". Sie erinnern sich, dass Sie öfter in der Gastgeberrolle für solche Veranstaltungen waren, und Ihr Herz erfüllt sich mit Freude.

Sie könnten die ganze Nacht in dieser geselligen Atmosphäre verbringen, es wartet jedoch das 12. und letzte Haus auf Sie.

Wieder draußen angekommen, ist die Dunkelheit bereits angebrochen. Die Straße ist in sattes Lila und Dunkelblau getaucht. Allein die Sterne und der Mond dienen als Lichtquelle. Am Ende der Straße ragt das 12. Haus vor Ihnen empor. Kein Licht scheint durch die Fenster, die Fassade ist dunkel und mystisch. Das 12. Haus steht etwas abseits der Häuserreihe und wartet mit offener Tür darauf, Ihre Geheimnisse zu teilen.

Ein mulmiges Gefühl beschleicht Sie. Nachdem Sie noch einen tiefen Atemzug nehmen, betreten Sie das 12. Haus.

Das Haus steht leer. Sie stehen am Eingang und blicken sich verwirrt um. Nichts befindet sich in dem Haus, nur Leere. Sie gehen etwas weiter hinein und versuchen, in der Dunkelheit etwas zu erkennen. Sie bemerken, dass die Wände scheinbar etwas merkwürdige Formen haben, oder ist das nur eine optische Täuschung? Das Licht des Mondes fällt durch die Fenster herein und Sie erkennen, dass sich an den Wänden mehrere Türen befinden. Diese sind zu, aber ob sie auch verschlossen sind, trauen Sie sich noch nicht, zu testen. Stumm stehen Sie vor einer der Türen und blicken sie an. Stumm blickt die Tür zurück.

Sie nehmen Ihren Mut zusammen. Getrieben von Neugierde und dem Wunsch nach mehr Weisheit packen Sie den kühlen Türgriff und öffnen die Tür. Die Geheimnisse, die sich dahinter verbergen, sind nur für Sie bestimmt.

Nach einiger Zeit verlassen Sie das 12. Haus und stellen fest, dass das erste Haus direkt danebensteht. Die Häuser sind Nachbarn und Sie stehen wieder am Anfang der Straße. Dieser kleine Abendspaziergang war durchaus erhellend und spannend.

Die Frage ist, wo möchten Sie von hier aus hin? Zu welchem Haus zieht es Sie am meisten hin und vor welchem Haus haben Sie vielleicht sogar Angst?

Vielleicht möchten Sie lieber noch etwas länger im fünften Haus verweilen und dort Ihrer Kreativität freien Lauf lassen. Vielleicht möchten Sie herausfinden, was sich hinter den weiteren Türen im 12. Haus befindet. Oder vielleicht zieht es Sie eher ins siebte Haus, wo Sie sich mit dem Inhalt des verschlossenen Briefes beschäftigen wollen.

Sie kennen sich nun in der Nachbarschaft aus. Auf dem Straßenschild steht Ihr Name, die Erkundung der Straße liegt nun bei Ihnen.

# Der Einfluss der Planeten

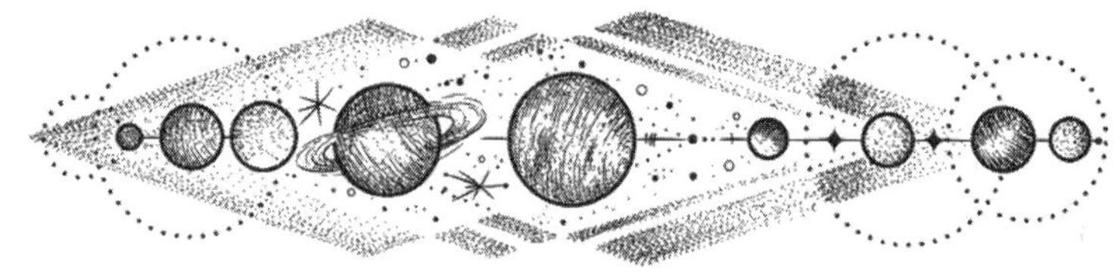

## DIE ALTEN UND NEUEN PLANETEN, EIN TANZ AM NACHTHIMMEL

Nachdem wir nun die Häuser kennengelernt haben, widmen wir uns dem, was wir bereits in der Tabelle im vorherigen Kapitel als den Tierkreiszeichen zugehörig gesehen haben: den Planeten. Jedoch anders als zu der Zeit des Ptolemäus, in der lediglich die Himmelskörper Mond, Merkur, Venus, Sonne, Jupiter, Mars und Saturn berücksichtigt wurden – da lediglich diese bekannt waren –, werden in der modernen Astrologie auch die Planeten Uranus, Neptun und Pluto berücksichtigt. Der Planet Uranus wird dem Tierkreiszeichen Wassermann zugeordnet, der Planet Neptun dem Tierkreiszeichen Fische und der Pluto dem Skorpion.

Wie wir bereits aus der Historie der Astrologie erfahren haben, ist diese einem ständigem Wandel, eben auch durch neue Entdeckungen wie die der Himmelskörper, ausgesetzt. Führen wir uns hier noch einmal vor Augen, dass bei der Astrologie die Erde und deren Bewohner, die Menschen, im Mittelpunkt stehen, insbesondere bei der Individualastrologie. Diese wird aufgrund der Stellung der Himmelskörper zu einem bestimmten Zeitpunkt berechnet, wie zum Beispiel dem der Geburt. In diesem

Kapitel geht es nun um die Stellung der Planeten und deren Interpretation zu einem bestimmten Zeitpunkt. Im Hinblick auf den Wortgebrauch wird auch der Zwergplanet Pluto als Planet bezeichnet, auch wenn dieser keine Planeteneigenschaft besitzt. Die Stellung der Sonne und die des Mondes werden ebenfalls berücksichtigt, obwohl die Sonne ein Stern und der Mond ein Trabant ist.

**Infobox**

Pluto wurde im Jahr 1930 entdeckt und nach dem römischen Gott der Unterwelt benannt. Er wurde per Zufall entdeckt, als man nach einem weiteren Planeten in der Nähe von Uranus suchte, der für dessen Umlaufabweichungen verantwortlich sein sollte. Schnell wurde jedoch klar, dass Pluto viel zu klein war, um für die Abweichungen zu sorgen. Im Jahr 2006 wurde Pluto der Planetenstatus aufgrund seiner Größe aberkannt. Sein Durchmesser beträgt lediglich 2.300 Kilometer und damit bedeutend weniger als der des Mondes.

Das Auftreten eines Planeten in einem bestimmten Haus und in einem bestimmten Tierkreiszeichen ist nicht als absoluter Wegweiser zu verstehen, sondern zeigt eine bestimmte Tendenz an. Diese kann Eigenschaften des Tierkreiszeichens verstärken oder abschwächen oder die Deutung eines Charakteristikums für ein Haus in ganz anderem Licht erscheinen lassen, wie wir später anhand von Beispielen sehen werden.

Da wir nun dem Horoskop eine weitere Variable hinzufügen, nämlich die der Planeten, ist es wichtig, zu verstehen, dass die Interpretation auf den Abhängigkeiten der Planeten zueinander beruht. Die Planeten sind immer als Zusatzinformation zu sehen und nicht als konkurrierender Faktor. Die Abhängigkeiten zueinander werden im Hinblick auf die Planeten als Beziehungen, Winkelstellungen oder Aspekte bezeichnet. Bereits die Gelehrten in der Antike wussten, dass die Planeten eine gewisse Umlaufbahn durchwandern. Das bedeutet, sie konnten auch das Verhältnis der einzelnen Planeten zueinander berechnen und daraus Rückschlüsse ziehen. Die Beobachtung diente der Datensammlung, so wusste man, zu welchem Zeitpunkt welcher Planet wo stand. Daraus konnte man auch das Verhältnis zu anderen Planeten errechnen. Mit der Berechnung konnte die Stellung der Planeten zueinander zu einem bestimmten Zeitpunkt in der Zukunft gefunden werden. Und daraus resultierte dann die Prognostik für diesen bestimmten Tag oder diesen bestimmten Zeitabschnitt.

Wie wir wissen, wurde in der Antike ausschließlich Mundanastrologie praktiziert, also Astrologie, die den Staat oder die Bevölkerung betraf. Auf diese Art und Weise wurde die Astrologie eingesetzt, um Antworten auf Fragen zu finden, z. B.: „Wie wird die kommende Ernte?" Indem die Astrologen die Stellung der Planeten zueinander berechneten, zum Zeitpunkt, als die Saat erntereif war, konnten sie eine Prognostik darüber erstellen. An dieser Stelle wird immer klarer, wieso die Astrologie in der Antike den Mathematikern und Gelehrten vorbehalten war. Es sind viele verschiedene Faktoren und deren Verhältnis zueinander entscheidend, um ein möglichst treffendes Horoskop zu erstellen. Und auch hier müssen wir immer die Variante des Unbekannten berücksichtigen. Vielleicht kann morgen schon ein weiterer Planet entdeckt werden, der sich als bedeutsamer Baustein der zukünftigen Astrologen entpuppt.

**Infobox**
Das Wort Aspekt leitet sich aus dem lateinischen „aspectus" ab und bedeutet „Ansehen, Anblicken oder Gesichtskreis". In der Astrologie bezeichnet es die Stellung der Planeten zueinander, zum Licht der Sonne und zur Erde.

## Welche Aussage trifft die Stellung der Planeten über die Menschen heute?

Es kommt auf die Frage und den Zeitpunkt an. Wenn Sie eine Frage zu einem möglichst günstigen Zeitpunkt haben, um etwas Bestimmtes zu unternehmen, würde ein Astrologe die für dieses Vorhaben möglichst günstige Planetenkonstellation berechnen und diesen Zeitpunkt vorschlagen.

Eine Frage könnte beispielsweise sein: Wann wäre der möglichst günstige Zeitpunkt, um eine Gehaltserhöhung zu verhandeln? Hier würde ein Astrologe berechnen, wann die Planeten mit hilfreichen Eigenschaften in Häuser fallen, die günstig dafür sind, zum Beispiel in Haus sechs oder zehn, oder wann diese Planeten ein Tierkreiszeichen passieren, welches Ihre Charaktereigenschaft zum Verhandeln oder Ihre starke Willenskraft besonders fördert. Wenn Sie wissen möchten, wie die Planeten an einem bestimmten Tag stehen und was dies wohl bedeuten mag, würde ein Astrologe sich die Gestirnkonstellation für diesen Tag anschauen und Ihnen zu gewissen Dingen raten und von anderen abraten. Wie detailliert die Antwort dabei ist, hängt auch davon ab, wie detailliert der Zeitpunkt ist, den man sich anschaut. Ein genauer Zeitpunkt, Tag und Monat, wird detailliertere Erkenntnisse bringen als nur der Monat. Auch ist es interessant, zu wissen, in welche Richtung sich die Planeten bewegen, also in welches Tierkreiszeichen hinein und von welchem fort.

Eine große Besonderheit stellt die **Rückläufigkeit** der Planeten dar. Diese bezeichnet ein Phänomen, welches mehrmals im Jahr von der Erde aus zu beobachten ist. Im Jahr 2023 ist der Planet Merkur in der Zeit vom 21.04. bis 15.05.2023, vom 23.08. bis 15.09.2023 und vom 13.12. bis 02.01.2024 rückläufig. Bedeutet dies nun, dass der Planet sich in seiner Laufbahnrichtung zurückbewegt? Ja und nein. Astronomisch gesehen bewegt er sich in die gleiche Richtung wie immer. Von der Erde aus gesehen scheint es so, als würde er sich zurückbewegen, also von Ost nach West. Normalerweise scheint der Merkur sich von West nach Ost zu bewegen, jedoch mit der vierfachen Geschwindigkeit. Da der Merkur der Sonne näher ist, braucht er lediglich 88 Tage, um diese zu umrunden. Der Merkur hat also Vorsprung. In dem Zeitraum, in dem der Merkur den Vorsprung hat, wandert er die Strecke, mit der er uns überholt, optisch wieder zurück. Wie das in der Astrologie behandelt wird, schauen wir uns bei der genauen Interpretation an.

**Gut zu wissen:** Der Mond und die Sonne sind die einzigen, im Horoskop wichtigen Himmelskörper, die nie rückläufig sind.

# ELEMENTENLEHRE

Ergänzend zur Symbolik der einzelnen Planeten lernen wir nun die Elementenlehre kennen. Diese hat ihren Ursprung im antiken Griechenland. Der griechische Naturphilosoph Empedokles hat im 5. Jahrhundert vor Christus einen bedeutsamen Beitrag zur Vier-Elementen-Lehre getätigt, indem er diese mit den Göttern verband. Welche Götter konkret den Elementen zugeordnet wurden, ist nicht überliefert. Es gibt jedoch Indizien dafür, dass das Feuer dem Göttervater Zeus, die Luft seiner Gemahlin, der Göttin Hera, die Erde dem Herrn der Unterwelt Hades und das Wasser der Göttin Persephone zugeordnet wurde.

Die Eigenschaften der Elemente wurden mit den Charakteristika der Götter verbunden.

- Das Feuer soll ähnlich wie Zeus impulsiv, gewaltig, schöpferisch und zielstrebig sein.
- Dem Wasser werden die Eigenschaften – ähnlich der Fruchtbarkeitsgöttin Persephone – sanft, nachgiebig, wandelbar, gefühlsbetont und tiefgründig zugesprochen.
- Die Erde soll beständig, unnachgiebig, ausdauernd und ruhig sein, gleichwohl mächtig, wie der Gott Hades.
- Die Luft steht für Freiheit, Lebhaftigkeit, Vielseitigkeit und anregsame Energie, so wie die Göttin Hera.

Erkennen Sie schon, wohin die Reise geht? Wie wir bereits wissen, haben mehrere Gelehrte über die Jahrhunderte hinweg verschiedene Verknüpfungen zwischen Himmelskörper, Götter und Tierkreiszeichen hergestellt. So auch mit den Elementen. Über Griechenland fand die Elementenlehre ihren Weg nach Ägypten, wo sie bereits bei dem uns bekannten Ptolemäus ihre Bedeutung fand, jedoch vorerst in Form der Alchemie, aus der sich letztendlich die heutige Chemie entwickelt hat.

In der Alchemie wurden Metalle den Elementen zugeordnet – Gold zu Feuer, Silber zu Wasser, Quecksilber zu Luft und Blei zu Erde.

Von dort aus war es nur noch ein Katzensprung zur Verbindung von Metallen und Elementen mit den Planeten.

**Infobox:**
Die antike Alchemie verband die naturwissenschaftliche Chemie mit Spiritualität und später auch Astrologie. Sie verstand sich als ganzheitliche Lehre, in der alle Bereiche gleichwertig Berücksichtigung fanden. Die Alchemisten versuchten beispielsweise, aus Blei Gold zu erschaffen. Die Symbole, die sie benutzten, wie zum Beispiel einen Kreis mit einem Punkt in der Mitte, stand für Sonne, Gold und auch für Sonnengott und Mann. Das Symbol für den Mond, die Halbsichel, stand für Silber und für Frau.

Kommen wir nun vom Abstrakten zum Konkreten und schauen uns die Eigenschaften der einzelnen Planeten an.

## Die Sonne und der Löwe

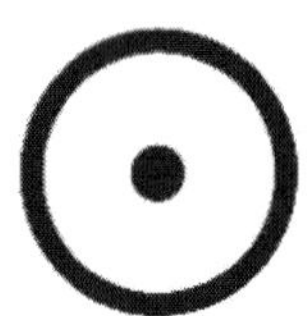

**Durchmesser:** 1.390.000 km

**Entfernung zur Erde:** 149.600.000 km

**Umlaufzeit der Erde um die Sonne:** 365,25 Tage

**Element:** Feuer

**5. Haus**

Wie wir bereits von Ptolemäus gelernt haben, ist die Sonne mit dem Tierkreiszeichen Löwe verbandelt. Im antiken Griechenland stand die Sonne für den Titanen Helios, dessen Sonnenwagen von vier Pferden über den Himmel gezogen wird und diesen erleuchtet. Im antiken Rom war die Sonne Repräsentant des Sonnengottes Sol.

Die Sonne ist die Mitte des Sonnensystems und repräsentiert die eigene Persönlichkeit, das Ich. Es steht grundsätzlich für Aktivität und Lebenskraft. So wie die Sonne selbst strahlt, so strahlt auch die Persönlichkeit, insbesondere, wenn sie ihren eigenen Antrieb gefunden hat und ausleben kann. Hier steht ganz stark die Selbstverwirklichung im Vordergrund.

Zeitgleich ist die Sonne auch Repräsentant der schöpferischen Kraft und wird deswegen auch als männlich-geistiges Prinzip verstanden. Hier kann auch das Thema „Vater" oder „Vaterfiguren" reinspielen.

Genauso wie das Tierkreiszeichen Löwe steht die Sonne für Willensstärke und Durchsetzungskraft. Schattenseiten davon können allerdings eine erhöhte Form von Selbstverherrlichung und Größenwahn sein.

Das Element der Sonne ist das Feuer. Das Herrschaftshaus der Sonne ist das fünfte Haus, das schöpferische Haus.

## Der Mond und der Krebs

**Durchmesser:** 3.500 km

**Entfernung zur Erde:** 380.000 km

**Umlaufzeit um die Erde:** 27,32 Tage

**Element:** Wasser

**4. Haus**

Den Mond als mächtigen Einfluss auf unseren Planeten haben wir bereits in den ersten Kapiteln kennengelernt. Auch hier ist die Symbolik des Mondes mit dem Element Wasser verbunden. In der griechischen Mythologie ist der Mond Repräsentant der Göttin Selene. Aus dieser wurde im antiken Rom die Göttin Luna, deren Name bis heute gängig für den Mond genutzt wird. Diese soll auf Heras Wunsch den nemeischen Löwen geschaffen haben, der von Herakles besiegt wurde.

Der Mond ist das Symbol des Nachtbewusstseins. Er steht für Mystik und Tiefe sowie für Träume und die tiefsten Bedürfnisse. Ähnlich wie das Wasser steht der Mond für Launenhaftigkeit und für Veränderung. Er wird mit dem weiblichen Prinzip verbunden, insbesondere im Hinblick auf den Zyklus. Daher wird der Mond auch mit Fruchtbarkeit assoziiert. In Verbindung mit Zyklen symbolisiert der Mond auch Takt-, Rhythmus- und Zeitgefühl. Denken wir dabei an die Gezeiten, finden wir auch hier eine Parallele. Abseits der Ratio finden wir hier auch die Thematik der kindlichen Verspieltheit, wie Wellen, die einen umspielen und vielleicht weiter in die Tiefe locken.

Die Verbindung zum Tierkreiszeichen Krebs beruht auf der Fähigkeit der echten Empfindungsstärke. Geborgenheit und echte, seelische Liebe sind Stärken der Verbindung zwischen Mond und Krebs.

Als Schattenseite kann hier ein unkontrollierter Gefühlsüberschwang auftreten. Dieser kann Rückzug zur Folge haben und den Hang zur Vereinsamung, wenn man den Bedürfnissen nicht rechtzeitig gerecht wird. Der Mond ist im vierten Haus beheimatet. Hier findet sich eine Übereinkunft mit den tiefen Wurzeln und dem im Inneren Verborgenen.

## Merkur, die Jungfrau und die Zwillinge

**Durchmesser:** 49.000 km

**Entfernung zur Erde:** 57.910.000 km

**Umlaufzeit um die Sonne:** 88 Tage

**Zeiten der Rückläufigkeit:** 21.04. – 15.05.2023
23.08. – 15.09.2023
13.12. – 02.01.2024

**Elemente:** Erde und Luft

**6. und 3. Haus**

Der Merkur wurde im antiken Griechenland auch Hermes genannt, der Götterbote. In Rom wurde er zu Mercurius umbenannt, jedoch bleibt es dieselbe mythische Figur. Ihm sind zwei Tierkreiszeichen zugeordnet, die Jungfrau mit dem Element der Erde und die Zwillinge mit dem Element Luft. Merkur symbolisiert hier, ähnlich dem Götterboten, die Vermittlung zwischen Erde und Luft. Für uns bedeutet das, dass der Merkur für die zwischenmenschliche Kommunikation und die Ausdrucksweise steht, sowohl im Mündlichen als auch im Schriftlichen. Dahinter verbirgt sich ein gewisser Intellekt, der Wunsch nach Wissen und Informationsaustausch. Dazu gehört auch die Freude am Lernen und die Offenheit allem Neuen gegenüber – aber auch die Fähigkeit, diese rhetorisch aufzunehmen und auch wiederzugeben.

In Zeiten der Rückläufigkeit des Merkurs, auch Mercury Retrogate (englisch) genannt, wie viermal im Jahr 2023, ist in Bezug auf Kommunikation und Entscheidungen besondere Vorsicht geboten. Es kann öfter zu Missverständnissen kommen. Jedoch kann hier auch die Chance gesehen werden, eine neue Kommunikation zu etablieren, sich aus der Komfortzone zu bewegen und auch in Konflikten neue Wege des Wachstums zu finden. In der Rückläufigkeit kann zudem ein Stillstand gesehen werden, der es schwer macht, Bedingungen vorauszuahnen. Aus diesem Grund ist davon abzuraten, zu diesen Zeitpunkten langfristige Entscheidungen zu treffen. Die analytische Fähigkeit kann hier durchaus Begrenzungen finden. Die Lösung könnte sein, hier mehr auf die Intuition, statt auf die Ratio zu vertrauen oder Entscheidungen hinauszuzögern, bis die Rückläufigkeit vorbei ist und Merkur seine gewohnte Bahn zieht.

### Merkur und die Jungfrau

Ein positives Merkmal dieser Kombination ist, dass hier tiefergehendes Wissen angeeignet werden kann. Insbesondere bei Routinen oder Gewohnheiten kann hier dennoch das bereits erworbene Wissen konstant vertieft werden, ohne das Interesse daran zu verlieren. Eine gute Beobachtungsgabe sowie analytische Fähigkeiten sind hier besonders positive Merkmale. Negativ kann eine gewisse Detailverliebtheit auffallen, ebenso tiefergehende Sorgen.

Das sechste Haus ist hier verknüpft, das bedeutet, auch tiefe Ängste vor körperlichen Krankheiten können sich entwickeln. Mit zu viel Blick auf die Einzelheiten kann hier das große Ganze aus den Augen verloren werden.

### Merkur und die Zwillinge

Positive Faktoren sind hier die Aufgeschlossenheit und die schnelle Auffassungsgabe gegenüber Neuem. Dies wird begleitet von einem überdurchschnittlich schnellen Lernen.

Die Fähigkeit, logische Rückschlüsse zu ziehen, kommt hier besonders gut zutage. Das damit verbundene Haus ist das dritte Haus. Hier erkennen wir viele Vorteile in Verbindung mit diesen Fähigkeiten, da viele verschiedene Interessen schnell aufgefasst und ausgelebt werden können.

Vorsicht ist hier geboten bei zu schnellem Urteil ohne das tiefe Begreifen des Sachverhalts. Auch das Vermitteln von Halbwissen und eine lediglich oberflächliche Betrachtung von Dingen können zu voreiligen und falschen Rückschlüssen führen.

## Venus, der Stier und die Waage

♀

**Durchmesser:** 12.104 km
**Entfernung zur Sonne:** 108.200.000 km
**Umlaufzeit um die Sonne:** 225 Tage
**Element:** Erde und Luft
**2. und 7. Haus**

Die Venus, die in der griechischen Antike der Schönheitsgöttin Aphrodite zugeordnet war, gilt bis heute als Symbol für Schönheit, Erotik und Genussfreude. In Rom wurde Aphrodite erst zur Venus umbenannt. Denken wir an die schöne Aphrodite, so können wir uns leicht den Sinn für Ästhetik und Harmonie sowie Geselligkeit vorstellen. So wie die Schönheitsgöttin, zieht uns die Venus mit ihrer unvergleichlichen Leuchtkraft am Nachthimmel in ihren Bann. Die Venus ist auch bekannt als Morgen- oder Abendstern und leicht mit bloßem Auge zu erkennen. Diese Eigenschaften sind als Symbolik in der Astrologie leicht zu übertragen. Die Venus steht für Lebensfreude, Anziehungskraft und Sinnlichkeit.

### Venus und der Stier

Die Venus ist zum einen dem Tierkreiszeichen Stier mit dem Element Erde zugeordnet. Hier herrscht das zweite Haus, das für Erwerb und Besitz steht. In dieser Kombination bringt das den Vorzug, dass leicht ein Raum für Sicherheit, Komfort und Langfristigkeit geschaffen werden kann. Dieser Raum kann materiell sein, wobei Wohlhabenheit eine Rolle spielt. Er kann auch geistig sein, ein Raum, in dem Harmonie herrscht und man selbst akzeptiert wird. Hier wird die Qualität des Gebens und Nehmens neu definiert, sowohl im materiellen als auch im persönlichen oder sexuellen Sinne.

Die Kehrseite der Medaille ist hierbei jedoch eine mögliche Ausprägung von Besitzergreifung und Eifersucht. Der Genuss könnte sich zur Genusssucht entwickeln und zur Schwierigkeit, sich zurückhalten zu können, bis hin zur Maßlosigkeit.

### Venus und die Waage

Das herrschende Haus in Bezug auf Venus und die Waage ist das siebte Haus, das der Partnerschaft und Beziehungen. Die Waage ist ein dem Element Luft zugehöriges Sternzeichen. So zeigt es sich auch im Verhältnis zu Partnerschaften: frei und lebhaft.

Die Venus und die Waage stehen für eine starke Anziehungskraft, für deren Charisma es kaum ein Entrinnen gibt. Hier geht es um geborene Verführer, die schnell eine sinnliche Verbindung aufbauen können. Dabei finden sie schnell eine Balance zwischen der eigenen Hingabe und der Eroberung anderer.

Als negative Aspekte können hier eine gewisse Manipulationsfreude anfallen, um ans Ziel zu gelangen, sowie Kompromisslosigkeit. Der Spaß an der anfänglichen Anziehung kann langfristig zu lediglich oberflächlichen Interaktionen führen, die nie eine echte Tiefe erreichen.

## Mars und der Widder

**Durchmesser:** 6.800 km

**Entfernung zur Sonne:** 227.940.000 km

**Umlaufzeit um die Sonne:** 1,9 Jahre

**Element:** Feuer

**1. Haus**

Der rote Planet Mars, der im antiken Griechenland dem Kriegsgott Ares zugeordnet wurde, ist hier verbunden mit dem Tierkreiszeichen Widder und gehört zum Element Feuer. Auch Ares wurde in Rom zum Kriegsgott Mars umbenannt, dessen Name bis heute erhalten blieb.

Der Mars wird als Gegenstück zur Venus angesehen, mit genau entgegengesetzten Attributen, wie Mut, Durchsetzungskraft, eine ausgeprägte Härte und Impulsivität.

Durch den Druck von Konkurrenz und Wettbewerb sind die Qualitäten des hartnäckigen Mars in Verbindung mit dem Widder gewachsen. Auch eine gewisse Triebhaftigkeit kann hier gefunden werden sowie eine ausgeprägte Entscheidungskraft.

Als Feuerelement finden sich hier als zentrale Themen auch die Leidenschaft und die Lebenslust.

Dem Planeten Mars ist das erste Haus zugeordnet, das der Persönlichkeit und Identität.

Tief verankert ist hier der Drang, am Leben teilzunehmen und Dinge aktiv zu steuern, aber auch eine gewisse Ausprägung für Aggressivität, die sich durchaus auch in Körperlichkeit zeigen kann. Dies muss nicht unbedingt die Austragung von Konflikten auf körperlicher Ebene bedeuten, sondern kann sich auch in einer hohen Lust an sportlicher Betätigung, insbesondere Kraft- sowie Kampfsport, zeigen.

Konflikte werden hier sicher nicht gescheut, schlimmstenfalls können diese sogar gesucht und als Ausfluss eines gewissen Jähzorns verstanden werden.

## Jupiter und der Schütze

♃

**Durchmesser:** 139.820 km
**Entfernung zur Sonne:** 778.330.000 km
**Umlaufzeit um die Sonne:** 11,9 Jahre
**Element:** Feuer
**9. Haus**

Der Jupiter ist im geozentrischen Weltbild der sechste Planet und dem Tierkreiszeichen Schütze zugeordnet. Im antiken Griechenland wurde der Planet Jupiter mit dem obersten der Götter, dem Wettergott Zeus, in Verbindung gebracht und zur späteren Zeit in Rom Jupiter genannt. Diesem ist das Element Feuer zugeordnet. So wie Zeus auf schreckliche Weise mit Blitzen für Gerechtigkeit sorgte, ist das Thema Gerechtigkeit eines der zentralen Aspekte in Bezug auf den Jupiter. Weitere Wesenskräfte davon sind die Horizonterweiterung, die Suche nach dem Sinn des Lebens, die Beweglichkeit und die Freiheit. Falls Ihnen das bekannt vorkommt, liegen Sie damit richtig. Diese Aspekte haben wir bereits beim neunten Haus gehört, in dem Jupiter der Herrscher ist. Verschiedene Weltanschauungen und die Suche nach Wissen und Wachstum in fernen Ländern gehen einher mit dem Streben nach geistigem Wachstum.

Im Jupiter kann auch materielles Wachstum eine Rolle spielen, denn aufgrund seiner Größe steht er allen anderen Planeten außer dem Mars wohlwollend gegenüber. In der Astronomie gilt der Jupiter auch als beschützender Aspekt, da er aufgrund seiner Größe die meisten Kometen- und Asteroidenschläge aus der Ferne auffängt.

Positive Eigenschaften, die beim Jupiter in Kombination mit dem Schützen auftreten können, sind das unermüdliche Streben nach geistigem oder materiellem Wachstum und das Bestreben nach mehr Gerechtigkeit in der Welt. Wie ein inneres Feuer kann darin eine Sinnhaftigkeit des Lebens gefunden werden.

Schlägt dies ins Negative, kann das in Formen von Selbstüberschätzung und Scheinheiligkeit auftreten sowie in ausgeprägter Rechthaberei und einer starken Abgewandtheit vom Alltäglichen.

## Saturn und der Steinbock

ħ

**Durchmesser:** 116.460 km
**Entfernung zur Sonne:** 1.430 Mio. km
**Umlaufzeit um die Sonne:** 29,5 Jahre
**Element:** Erde
**10. Haus**

Kommen wir nun zum letzten der antiken Planeten, der für lange Zeit als der Planet betrachtet wurde, der am äußersten Rand des geozentrischen Universums wandert: der Saturn. Ihm wird das Tierkreiszeichen Steinbock und das Element Erde zugeordnet.

In der griechischen Mythologie stand der Saturn für den Gott der Aussaat und galt als Planet des Titanen Kronos. Dessen Geschichte ist eine der düstersten in der Mythologie, da dieser seine Kinder verschlang, aus Angst, von ihnen gestürzt zu werden. Daher haftet dem Saturn auch die Bezeichnung „Unglücksplanet" an. Die Symbolik des Saturns ist allerdings eher differenziert zu betrachten.

Zur späteren Zeit im antiken Rom wurden die sogenannten Saturnalien gefeiert, zu Ehren des Planeten der Aussaat. Daher stammte die Umbenennung, die sich bis heute hält.

Zentrale Merkmale des Saturns sind Bodenhaftigkeit, Widerstandsfähigkeit, Verantwortungsbewusstsein und Durchhaltefähigkeit. Entgegen der Mythologie des Titanen Kronos werden hier Grundsätze des Gewissens und der Moral thematisiert sowie auch die der Gesetze.

Durch seine Stellung an der äußersten Grenze des Universums und durch seine mit 29,5 Jahren vergleichsweise langsame Umrundung um die Sonne steht der Saturn auch für Geduld und Langatmigkeit. Er ist der Boden, auf dem Bemühungen gedeihen und Disziplin deren Nahrung ist.

Der Saturn wird auch als Komplementär des Jupiters gesehen, denn so weitsichtig und in geistiger Höhe der Jupiter ist, so bodenständig und realistisch zeigt sich der Saturn.

Durch seine Realitätsnähe ist der Saturn auch ein Antreiber zur Konfrontation mit den eigenen Schwächen.

In Kombination mit dem Steinbock, der ebenfalls über einen Wirklichkeitssinn verfügt und durch sture Beharrlichkeit und Fleiß heraussticht, werden so insbesondere langfristige Ziele wahrscheinlich erreicht.

Die Kehrseite der Medaille kann jedoch eintretender Schwermut sein, ebenso eine gewisse Inflexibilität und Verschlossenheit gegenüber alternativen Wegen.

Es wird Sie sicherlich nicht wundern, dass der Saturn Herrscher des zehnten Hauses ist, das des Berufs und der Berufung, in denen sich diese zentralen Themen wiederfinden.

## Uranus und der Wassermann

**Durchmesser:** 50.724 km
**Entfernung zur Sonne:** 2.871 Mio. km
**Umlaufzeit um die Sonne:** 84 Jahre
**Entdeckt im Jahr** 1781
**Element:** Luft
**11. Haus**

Wir haben uns nun vorgearbeitet von den bereits in der Antike bekannten Planeten bis hin zu einem der neuen, dem Uranus. Dieser ist benannt nach dem altgriechischen Gott für den Himmel „Uranos“ und damit ein Unikat in der Benennung der Planeten. Der Uranus ist nämlich als einziger nach einem griechischen Gott benannt, während die weiteren Planeten nach römischen Göttern benannt beziehungsweise im antiken Rom umbenannt wurden. Uranus ist verbunden mit dem Tierkreiszeichen Wassermann und dem Element Luft. Er ist Herrscher des 11. Hauses und wir werden nun erfahren, in welchem besonderen Verhältnis er zur Gesellschaft steht.

Denn eine besondere Eigenschaft wird dem Uranus zugesprochen: die des Gegensatzes zu allen Normen. Führen wir uns die konventionelle Gesellschaft vor Augen, so steht der Uranus für die persönliche Eigenwilligkeit und das Bestreben, einen eigenen Weg einzuschlagen. Dieser soll auch als Inspiration zur Veränderung der Gesellschaft dienen, denn dem Uranus und insbesondere dem Wassermann werden Eigenschaften der Menschenliebe zugesprochen.

Wir können uns den Uranus mit den Charakteristika eines Pubertierenden vorstellen, der alles Übliche und Konventionelle in Frage stellt und für sich selbst die absolute Freiheit und Unabhängigkeit fordert. Im nächsten Schritt möchte er diese mit der Gesellschaft teilen und sucht immer weiter nach Optimierungen. Bedenken wir, dass der Uranus als neue Entdeckung gilt, im Vergleich zu den antiken Planeten, über die seit Jahrtausenden Daten gesammelt wurden, können wir durchaus den Vergleich zum Pubertierenden dahingehend ziehen, dass wir diesen noch nicht lange genug erforscht haben. Seine Deutung mag sich also in Zukunft durchaus noch mehr spezifizieren.

Saturn und Wassermann sind in der Symbolik als Selbstbefreiung und Drang zum Neuen zu verstehen.

Negative Aspekte davon könnten jedoch eine ausgeprägte Form der Intoleranz gegenüber konventionellen Denkweisen sein sowie eine ungesunde Ruhelosigkeit.

**Infobox**

Das zweite Symbol des Uranus wurde ihm in Anlehnung an den Namen seines Entdeckers vergeben. Der deutsch-britische Astronom Wilhelm Herschel gilt nicht nur als der Entdecker des Planeten Uranus, sondern auch als der Erfinder des Riesenteleskops, welches heute allgemein als „Herschelteleskop“ bekannt ist.

## Neptun und die Fische

**Durchmesser:** 49.244 km
**Entfernung zur Sonne:** 4.500 Mio. km
**Umlaufzeit um die Sonne:** 165 Jahre
**Entdeckt im Jahr** 1846
**12. Haus**

Der Planet Neptun, benannt nach dem römischen Gott der Meere, Neptun, mit dem mächtigen Dreizack, der sich auch im Zeichen des Neptuns wiederfindet, ist verbunden mit dem Tierkreiszeichen Fische. Das herrschende Element ist hier das Wasser. Die Symbolik des Neptuns ist eine hohe Sensibilität und das Streben nach höheren Gefilden. Diesen Planeten zeichnet eine Ruhe und Langsamkeit aus, da er 15 Jahre in einem Tierkreis verbringt, bevor er seine Reise fortsetzt. Ihn umgibt eine Aura der Mystik, die sich in spirituellen Themen wiederfindet. In Kombination mit dem Tierkreiszeichen Fische zeigt sich hier eine Dünnhäutigkeit und Sensibilität, was äußere Strömungen und Einflüsse angeht. Der Neptun steht für die universelle Menschenliebe, nicht nur die in der unmittelbaren Umgebung, sondern im Kollektiv der Menschheit als Teil des Kosmos. Hier wird der Fokus auf aktive Bewusstseinserweiterung gelegt und auf die Sehnsucht nach der spirituellen Erleuchtung für einen selbst, aber auch für andere, damit sich dort eine starke Verbundenheit schaffen lässt.

Dies zeigt sich auch in der Neigung gegenüber Rauschmitteln und Substanzen, die der Bewusstseinserweiterung, jedoch auch dem Gefühl der Zusammengehörigkeit dienen. Eine große Stärke kann hier die ausgeprägte Fantasie sein, denn dadurch werden Wege gefunden, die anderen vielleicht verborgen bleiben. Die Schattenseite von Neptun kann jedoch eine Flucht aus der Realität sein, denn diese ist oft wenig vereinbar mit dem idealistischen Weltbild. Verwirrung, Lügen und eine schwache Körperverbundenheit können hier ebenfalls als negative Aspekte auftreten. Es ist wenig verwunderlich, dass der Neptun Herrscher des 12. Hauses mit den Themen Überpersönliches und Anonymität ist, da viele Parallelen bestehen.

## Pluto und der Skorpion

♇

**Durchmesser:** 2.380 km
**Entfernung zur Sonne:** 6 Mrd. km
**Umlaufzeit um die Sonne:** 248 Jahre
**Entdeckt im Jahr** 1930
**Element:** Wasser
**8. Haus**

Wir sind nun beim letzten (bislang bekannten) ‚Planeten' im Sonnensystem angelangt, der am äußersten Ende des Sonnensystems seine langen Bahnen um die Sonne zieht: Pluto. Diesem sind das Tierkreiszeichen Skorpion und das Element Wasser zugeordnet. Benannt wurde Pluto nach dem römischen Gott der Unterwelt und des Todes.

Er ist Herrscher des achten Hauses, welches für materiellen Verlust und das gesellschaftliche Gut steht.

Verlust ist eines der zentralen Themen des Pluto. Er ist Symbol für die Vergänglichkeit und für den Wandel, zu welchem auch ein radikales Ende gehört. Schmerzhafte Wendungen können hier eintreten sowie die Konfrontation mit den tiefsten Ängsten und endgültigen Konsequenzen.

Dies ist jedoch nur eine Seite des Pluto. Die andere Seite, die auch insbesondere mit dem Skorpion einhergeht, beinhaltet die Regeneration und den Neubeginn; den Wandel in positive Bahnen. So wie das Wasser Negatives abspülen kann und immer wiederkehrt, so geht die Energie rund um Pluto und den Skorpion in einen Kreislauf.

Nach dem Ende folgt ein Neuanfang, nach jeder Ohnmacht auch wieder Bewusstsein oder Macht. Daraus resultieren Eigenschaften wie Bewährung in Krisenzeiten, Resilienz und auch eine gewisse Zähigkeit, die dabei hilft, mit Niederschlägen im Leben zurechtzukommen.

## Die Erde und Sie

**Durchmesser:** 12.742 km

**Entfernung zur Sonne:** 149.60 Mio. km

**Umlaufzeit um die Sonne:** 365 Tage

Es bleibt ein letzter Himmelskörper übrig: die Erde.
Unser Heimatplanet ist ebenfalls eines der vier Elemente und der zentrale Punkt in der Astrologie, nämlich der Ort, von dem aus alles beobachtet wird.

In der griechischen Mythologie war die Erde Repräsentantin der Urmutter Gaia, die dem Chaos entsprang. Sie war die Mutter der Titanen und des Uranos, dem Himmel.

Die Erde hat – anders als die Planeten – keine astrologische Bedeutung. In einigen, wenigen Kreisen wird dem Beobachter, also dem Horoskopeigner, jedoch eine besondere Verantwortung für Natur und Umwelt zugesprochen. Dies mag jedoch mehr auf einer ideologischen Idee basieren als auf astrologischer Interpretation.

Die Aufführung der Erde hier soll in erster Linie eins versinnbildlichen: den Standpunkt des Einzelnen. Bevor Sie in die Ferne blicken und die Eigenschaften der Planeten unter die Lupe nehmen, stellt sich die Frage:

Welche Erwartungen haben Sie an die Antworten, die diese Ihnen geben können?

Die Konstellationen der Planeten können Tendenzen anzeigen und Hinweise geben, wann und wofür es die richtige Zeit sein könnte, sie sind jedoch nicht ein Garant für das gewünschte Ergebnis. Ob und inwieweit Sie in Handlung treten, nachdem Sie die Informationen der Planetenkonstellationen kennen, liegt bei Ihnen.

Selbst wenn Sie in manchen Zeiten unter dem Einfluss des Mars stehen, wird dieser in Konflikten nicht für Sie die Faust erheben. Bemerken Sie jedoch um diese Zeit herum, dass Sie besonders leidenschaftlich oder leicht reizbar sind, und wundern sich über diese jähe Anwandlung, könnte ein Blick auf die Planetenkonstellation durchaus Erleuchtung bringen.

Vielleicht fragen Sie sich, wann der richtige Zeitpunkt dafür sein könnte, die Person endlich anzusprechen, die Sie schon so lange begehren, denn bislang fehlte Ihnen die nötige Zuversicht. Eine positive Stellung der Venus in naher Zukunft könnte vielleicht den bedeutenden Schubs geben, um in Aktion zu treten. Wichtig hierbei ist, dass der Entschluss, sich durch die Sternkonstellation der Venus helfen zu lassen, bereits das nötige Selbstvertrauen geben könnte, ein zeitspezifisches Ziel umzusetzen, anstatt dieses vielleicht nie anzugehen.

Der Einfluss der Planeten soll hier als Ermutigung verstanden werden, überhaupt in Aktion zu treten, auch zur richtigen Zeit, sich vielleicht auch zu fragen, was Sie davon abgehalten hat, bislang tätig zu werden, und wo Sie selbst Schwerpunkte setzen.

Sollte Sie beispielsweise der Einfluss des Pluto weniger interessieren als der Einfluss des Jupiter, liegen dort momentan thematisch die Fragen, die Sie derzeit am meisten beschäftigen.

Wenn Sie das Kapitel noch einmal Revue passieren lassen und heute in den Himmel blicken, welchen Himmelskörper wünschten Sie, dort zu sehen? Dies ist der Wegweiser, dem Sie folgen sollten.

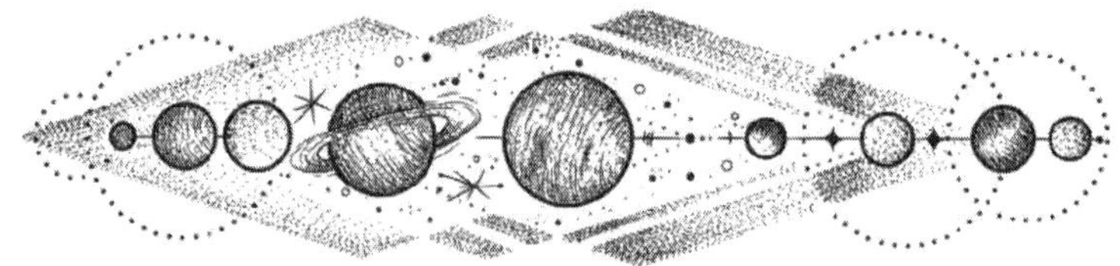

# Der Sternzeichenkompass

Zodiak, wie die Tierkreiszeichen auch genannt werden, ist der Überbegriff dessen, womit wir uns im Folgenden beschäftigen wollen: den Sternzeichen. Wie wir bereits wissen, handelt es sich bei den Sternzeichen um Sonnenzeichen.

Das Sonnenzeichen markiert den Zeitpunkt, an dem sich die Sonne bei ihrer Wanderung in einem bestimmten Tierkreiszeichen zum Zeitpunkt der Geburt befand. Der Begriff Zodiak findet seinen Ursprung im griechischen Wort *zodrakos* und bedeutet Tierkreis. Diesen können wir uns als symbolischen Kreis um die Erde vorstellen, der in 12 Stücke unterteilt ist. In diesen Kreisstücken finden wir die Tierbilder, die von der Sonne innerhalb eines Jahres durchwandert werden.

Führen wir uns erneut das Horoskopbild vor Augen, befinden sich die 12 Tierkreiszeichen am äußeren Rand und die Erde, von der wir das Geschehen beobachten, in ihrer Mitte. So viel zu der Wiederholung der zweidimensionalen Ansicht, doch was genau sagt Ihr Sternzeichen über Sie aus? Ihr Sternzeichen beschreibt Ihren Grundcharaktertyp, mit den Eigenschaften, die ihm innewohnen, sowie mit verschiedenen Stärken und Schwächen. In den oberen Kapiteln haben wir die Bezeichnungen der Tierkreiszeichen anhand der Symbolik bereits kennengelernt und in Verknüpfung mit den Planeten auch einen Einblick in ihre Bedeutung erhascht. Wollen wir diesen Einblick nun etwas vertiefen und genauer hinschauen, was die Sternzeichen mit sich bringen.

# WASSERMANN: 21. JANUAR BIS 19. FEBRUAR

## Wer ist der Wassermann?

Würde man ihn das selbst fragen, so würde der Wassermann sich als unerschrockener Visionär bezeichnen. Anschließend würde er ein interessantes Gespräch über das Weltgeschehen führen, mit unkonventionellen Sichtweisen, die einen lange zum Nachdenken bringen. Der Wassermann hat einen scharfen Verstand und fühlt sich von allem Außergewöhnlichen angezogen. Er ist ein unabhängiger Denker, der gerne viele und auch manchmal unangenehme Fragen stellt, die einen aus der Komfortzone locken. Ihn umgibt eine Aura der Freiheit und des Abenteuers. Es ist leicht, mit dem Wassermann in Kontakt zu treten, und man kann sich sicher sein, dass es mit ihm nie langweilig wird. Er tritt stets positiv und vorurteilslos auf und kann sich über alle möglichen Themen auf eine unterhaltsame Art austauschen.

## Wer sind die Freunde des Wassermanns?

Das Wort „Freunde“ würde der Wassermann vermutlich selbst nicht wählen, wenn es um seine Gesellschaft geht. Vielmehr umgibt er sich mit Gleichdenkenden, Begleitern und Gefährten. In seiner Umgebung werden sich allerlei extravagante Menschen aufhalten, die eher den künstlerischen Bereichen zugeneigt sind, oder auch einen Forschergeist haben, sei es beruflich, als Hobby oder vielleicht auch nur als Gesprächsthema.

Jedoch finden sich hier nicht nur Menschen, die Luftschlösser bauen, sondern grundsätzlich ihre Ideen auch tatsächlich umsetzen wollen. Ob dies dann auch geschieht, steht auf einem anderen Blatt Papier, der Wunsch ist jedoch zunächst da. Wen man in diesen Kreisen größtenteils vermisst, werden Menschen sein, die gewöhnliche Bürojobs haben und ein konventionelles Leben führen.

### Was sind seine Stärken und Schwächen?

Dem Wassermann wird es nie an Ideen mangeln. Sei es in der Freizeitgestaltung oder darin, eine Reform in jeglicher Art anzuzetteln, er ist immer für Überraschungen gut. Dabei wird er auch von einer sozialen Ader getrieben, die sich insbesondere in seiner Geselligkeit zeigt. Er blickt grundsätzlich nach vorne und kann nicht nur seine nächsten Schritte dabei sehen, sondern den gesamten Weg bis zum Ziel. Dabei wird er oft von Gleichgesinnten begleitet. Das Problem dabei ist meistens die Umsetzung. Dem Wassermann fehlt es oft an Ausdauer und Disziplin, den ganzen Weg zu gehen, da er meistens noch viele weitere Abzweigungen sieht, die in ebenfalls interessante Wege münden. Er unterschätzt dabei, dass auch der bereits zurückgelegte Weg durchaus seinen Wert hat. Konventionen und Traditionen haben in der Welt des Wassermannes wenig Bedeutung, daher fehlt ihm oftmals das Verständnis dafür, wenn andere diese Wege bevorzugen. Auch wenn der Wassermann viele Bekannte und freundschaftliche Beziehungen hat, so fehlen ihm oft langjährige und tiefe Freundschaften. Da der Wassermann insbesondere in jüngeren Jahren einen ausgedehnten Bekanntenkreis hat und sich schnell begeistern lässt, kann es sein, dass er von Mission zu Mission pilgert und dabei versäumt, seine Energie in ein konsistentes Projekt zu stecken.

### Welchen Beruf würde der Wassermann wählen?

Ein Neun-bis-fünf-Job in einem Büro mit Akten wäre für den Wassermann keine Option – außer er arbeitet zielstrebig auf die Umsetzung einer bestimmten Idee hin. Ansonsten würde sich der Wassermann beruflich eher nach seinen Interessen richten und dafür auch hinnehmen, dass es brotloser Erwerb ist. Nicht selten widmet sich der Wassermann für eine ungewöhnlich lange Zeit dem Studentenleben zu und wechselt dabei auch häufiger die Fächer oder er macht mehr als eine Ausbildung, bevor er ins Berufsleben einsteigt. Einen glücklichen Wassermann trifft man zum Beispiel in den Bereichen Design oder auch digitale Inhalte. Auch in wissenschaftlichen Berufsfeldern und in der Forschung wird der Wassermann dauerhaft glücklich, da er oft seiner Zeit voraus ist.

### Welche Partnerschaft eignet sich für den Wassermann?

Wenn es eines gibt, was der Wassermann scheut, ist es ein Käfig. Seine Freiheit steht an oberster Stelle und diese wäre er auch bereit, in etwaigen Partnerschaften zu geben. Insbesondere in jüngeren Jahren wird der Wassermann sich eher nicht auf Dauer binden, sondern viel ausprobieren und auch unkonventionelle Beziehungsmodelle eingehen. Dabei stellt er die Bedürfnisse der Partner eher vor die eigenen und wird sich als fantasievoller und eifriger Liebhaber zeigen. Dennoch braucht der Wassermann viel Aufmerksamkeit und kann diese nicht so leicht zurückgeben. In späteren Jahren wird sich eher die Bereitschaft und auch das Bedürfnis nach einer langfristigen und insbesondere harmonischen Beziehung einstellen. Bei der Partnerwahl kommen dann Personen in Frage, die mit dem Einfallsreichtum des Wassermanns mithalten können und keine Bremse darstellen.

**Kompatible Tierkreiszeichen sind hierbei:**
Fische, Schütze, Zwillinge und Waage

**Schwieriger gestalten würde es sich mit:**
Stier, Krebs, Skorpion und Löwe

**Etwas, das der Wassermann selten sagen würde:**
„Das machen wir so weiter, denn das wurde immer schon so gemacht."

**Über sich würde der Wassermann sagen:**
„Ich bin einzigartig."

# FISCHE: 20. FEBRUAR BIS 20. MÄRZ

**Wer ist der Fisch?**

Blicken wir genau unter die Wasseroberfläche, sehen wir den Fisch als verträumten und freundlichen Zeitgenossen, der sich gerne einmal treiben lässt. Er ist schwer greifbar, insbesondere, wenn man sich nicht lange und intensiv mit ihm beschäftigt. Durch seine Feinfühligkeit und Sensibilität spürt der Fisch ganz schnell, welche Absichten jemand hat, und verschwindet eher, bevor er sich in einer unangenehmen Situation wiederfindet. Diese starke Intuition ist nicht nur zur Erkennung von Bedrohungen hilfreich, sondern auch dafür, Chancen zu wittern und zu ergreifen. Den Fisch wird man eher selten im Mittelpunkt erleben, er wird eher bescheiden anderen den Vortritt lassen. Durch seine starke soziale Ader und sein Mitgefühl wendet er sich nicht ab, wenn er Hilfsbedürftige sieht.

**Wer sind die Freunde des Fisches?**

Der Fisch wird von ähnlich freiheitsliebenden Charakteren angezogen und wird sich eher mit leisen Menschen umgeben. Da er nicht gerne die Konsequenzen seines Handelns trägt, wird er wenig anecken und grundsätzlich eher mit dem Strom schwimmen, als in Konflikte zu geraten. Aggressive Menschen sind ihm suspekt, er zieht gemütlichere Zeitgenossen vor. Der Fisch nimmt vieles einfach so, wie es kommt, auch Themen in Unterhaltungen, und kann sich überall einbringen.

Seine Gedankengänge sind von einer seltenen Tiefgründigkeit geprägt und wenn man ihn länger kennt, werden die Gespräche ebenfalls eine spannende Tiefe erreichen. Den Fisch sieht man umgeben von entspannten Menschen, die vermutlich eher aus dem sozialen Sektor kommen, denn dort liegen mehr die gemeinsamen Interessen.

### Was sind seine Stärken und Schwächen?

Als verträumter Zeitgenosse liebt der Fisch eher entspanntere Gewässer. Daher wird man ihn selten aus der Haut fahren oder stark gestresst sehen. Er hat die Eigenschaft, sich einfach treiben zu lassen und zu genießen, wofür er viel beneidet wird. Durch sein Mitgefühl kann er schnell eine Bindung zu Menschen aufbauen und insbesondere schnell erkennen, ob jemand Hilfe braucht.

Dies ist auch eine seiner größten Schwächen, denn der Fisch kann dadurch auch als gutmütig angesehen und ausgenutzt werden. Manchmal treibt er auch etwas zu lange und verliert sich in Träumereien, während das echte Leben an ihm vorbeizieht. Mit etwas mehr Selbstdisziplin könnte der Fisch jedoch in vielen Bereichen zu außergewöhnlichen Ergebnissen kommen.

### Welchen Beruf würde der Fisch wählen?

Durch seine Genügsamkeit kann der Fisch in vielen verschiedenen Bereichen arbeiten. Dabei ist ihm nicht unbedingt die Arbeit an sich wichtig, sondern auch die Atmosphäre und die Umgebung. Viel Konkurrenz und Ellenbogenpolitik ist dem Fisch eher fremd. Auch wird er sich nicht unbedingt in einem hierarchischen System bis hin an die Spitze arbeiten, da er sich selten in der Rolle des Bestimmers sieht. In konventionellen Systemen mit vielen Vorschriften fühlt der Fisch sich eher unwohl.

Aufgrund der stark ausgeprägten sozialen Ader würde ein Beruf im sozialen Sektor eher in Frage kommen. Für den Fisch wären medizinische Berufe denkbar, aber auch die Bereiche Journalismus, Film, Werbung und Mode könnten interessant sein.

### Welche Partnerschaft eignet sich für den Fisch?

Mit seiner Tiefgründigkeit und sogar Exzentrik übt der Fisch eine Anziehungskraft auf Personen aus, die an ernsten und tiefgreifenden Partnerschaften interessiert sind. Der Fisch ist im Umgang sanft und sensibel, jedoch auch schwer greifbar oder sogar ausweichend, was mitunter für Frustration sorgen kann. Man kann ihn jedoch mit vielen positiven Worten und auch Taten bis hin zur echten Verführung aus der Reserve locken. Dabei ist jedoch Vorsicht geboten, wer den Fisch jagen und erobern möchte, löst bei ihm eher einen Fluchtinstinkt aus.

Zu viele Konflikte destruktiver Art sind für den empfindsamen Fisch eher ein Gräuel, da er an harten Worten lange zu knabbern hat. Seine leidenschaftliche Art sollte jedoch nicht unterschätzt werden, die sich insbesondere im sexuellen Kontext zeigt. Dort zeigt der Fisch sich überraschend intensiv und hemmungslos.

Aufgrund seiner Verträumtheit muss der Fisch vorsichtig sein, sich nicht Beziehungen schön zu träumen und daraufhin böse zu erwachen. Auch zu viel Flucht vor Problemen kann dazu führen, dass Beziehungen in die Brüche gehen, wenn Konflikte zu selten ausgetragen werden.

**Zu dem Fisch passen eher organisierte Tierkreiszeichen:**
Steinbock, Stier und Jungfrau

**Wenig kompatibel sind dagegen:**
Zwillinge, Löwe und Schütze

**Von dem Fisch würde man eher selten hören:**
„Komm und fang mich!“

**Über sich selbst würde er sagen:**
„Ich schaue mich erst einmal um, bevor ich etwas mache.“

## WIDDER: 21. MÄRZ BIS 20. APRIL

### Wer ist der Widder?

Der Widder strotzt nur vor purer Lebensenergie und Aktivismus. Er galoppiert zielstrebig voraus und bahnt sich seinen Weg zum Ziel mit voller Willensstärke. Dabei ist der Widder abenteuerlustig und belastbar. Wenn etwas seine Begeisterung entfacht hat, wird er dem ausdauernd nachgehen. Der Widder hat eine schnelle Auffassungsgabe und möchte Dinge auch rasch umsetzen. Zu komplizierte oder detaillierte Sachverhalte liegen ihm nicht. Auch Tiefgründiges und Realitätsfernes ist dem pragmatischen Widder fremd.

### Wer sind die Freunde des Widders?

Den Widder finden wir inmitten eines Freundeskreises wieder, mit Menschen, die ähnliche Interessen teilen und aktiv sind. Mit der Energie des Widders muss man erst einmal mithalten, daher werden dort sensible und in sich gekehrte Bücherwürmer eher nicht zu finden sein. Kontakte zu knüpfen, fällt dem Widder nicht schwer. Selbstbewusst geht er auf Menschen zu und er hat dabei keine Hintergedanken, sondern trägt das Herz auf der Zunge. Feinfühlige Charaktere werden dann recht zeitnah die Flucht ergreifen. Übrig bleiben dann Menschen, die die Direktheit des Widders schätzen. Oft entwickeln sich daraus lebenslange Freundschaften.

## Was sind seine Stärken und Schwächen?

Mit schier unermüdlicher Energie bahnt sich der Widder seinen Weg durchs Leben und sieht vieles als ein großes Abenteuer an. Seine Kraft und Leidenschaft dienen ihm als eine innere Flamme, die ihn auch durch schwere Zeiten bringen.

Der Widder muss dabei allerdings auch lernen, nicht zu viel von sich selbst zu verlangen und auf ausreichend Ruhepausen zu achten. In zwischenmenschlichen Beziehungen fehlt dem Widder oftmals das Feingefühl, mit sensiblen Charakteren umzugehen. Da ist weniger oft mehr.

## Welchen Beruf würde der Widder wählen?

Karriere, Konkurrenz und Ergebnisse erzielen, damit fühlt sich der Widder wohl. Insbesondere in der freien Marktwirtschaft reißen sich Arbeitnehmer um ihn, da der Widder durch seine Disziplin und Ausdauer trotz etwaiger Hindernisse Ergebnisse liefert. Dies ist so lange gerne gesehen und gewünscht, bis der Widder beginnt, die Karriereleiter emporzusteigen, und dabei auch an den Stuhlbeinen seiner Vorgesetzten sägt. Der zielstrebige Widder kennt nur einen Weg: nach oben. Kann er sich dabei ausreichend lange in Hierarchien fügen, wird er zweifelsohne die Lorbeeren dafür ernten und selbst in Führungspositionen arbeiten.

Alternativ findet man den Widder eher im selbständigen Bereich, wo er sich nach eigenen Wünschen etwas aufbaut.

## Welche Partnerschaft eignet sich für den Widder?

Mit dem Widder mitzuhalten, ist gar nicht so einfach. Insbesondere in Partnerschaften können nach einer Weile Ermüdungserscheinungen in Anbetracht der Abenteuerlust des Widders auftreten. Spontanität und eine ausgeprägte Sexualität zeichnen den Widder in einer Beziehung aus. Dabei ist er experimentierfreudig und ausdauernd. Routine ist ihm ein Gräuel. Der Widder will immer wieder aufs Neue erobern oder erobert werden, auch in ein und derselben Partnerschaft. Einschränkungen oder Verbote kennt der freiheitsliebende Widder nicht und er würde diese auch nicht auf Dauer annehmen.

**Diese Tierkreiszeichen finden sich eher auf Augenhöhe des Widders wieder:**
Löwe, Schütze und ein anderer Widder

**Mit diesen Tierkreiszeichen ist eine Partnerschaft eher unwahrscheinlich:**
Stier, Skorpion und Jungfrau

**Von dem Widder würde man vermutlich selten hören:**
„Ich habe Angst vor der Verantwortung."

**Was der Widder häufig denkt und sagt:**
„Volle Kraft voraus!"

# STIER: 21. APRIL BIS 20. MAI

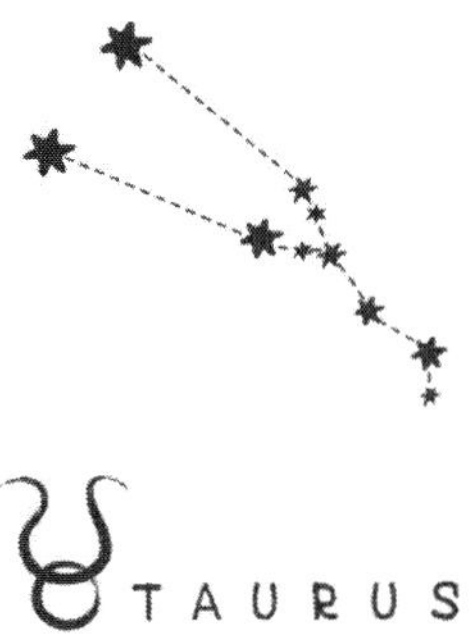


## Wer ist der Stier?

Der gemütliche und sinnliche Stier genießt die schönen Dinge des Lebens aus einer Position der Ruhe heraus. Mit viel Gelassenheit blickt er auf seine Umgebung und erfreut sich an der Sammlung materieller Güter, die für ihn Sicherheit und Heimat bedeuten. Der Stier ist selbst sehr zuverlässig und solide, ein richtiger Fels in der Brandung. Wichtig sind ihm traditionelle Werte, wie ein schönes Zuhause und Familie. Er hat ein großes Bedürfnis nach Sicherheit, welches sich im materiellen Wohlstand zeigt oder auch in der Etablierung fester Routinen im Alltag. Durch seine tiefe Verbundenheit zur Natur wird der Stier sein Zuhause im Grünen finden oder es sich zumindest grün gestalten.

## Wer sind die Freunde des Stiers?

Der Stier genießt die Gesellschaft ähnlich besonnener Charaktere, die es eher gemütlich angehen lassen und mit denen er seine Liebe für Ästhetik teilen kann. Langjährige Freundschaften, die sich durch Verlässlichkeit und regelmäßigen Kontakt auszeichnen, bilden das soziale Umfeld des Stieres. Hier werden sich insbesondere auch Menschen finden, die sich ebenfalls gerne und viel in der Natur aufhalten. Ein perfekter Ausflug mit Freunden wäre für den Stier eine Wanderung oder Fahrradtour durch außergewöhnliche Landschaften, mit kurzen Zwischenstopps in gemütlichen Cafés. Der Stier ist ein loyaler Begleiter, der sich auch beschützend vor seine Freunde stellt, jedoch selbst keine Konflikte suchen würde.

## Was sind seine Stärken und Schwächen?

Als Ruhepol kann sich der Stier insbesondere in stressigen Situationen sehr hervortun. Nicht nur, dass ihn selbst nichts so schnell aus der Ruhe bringt, er kann auch anderen dadurch einen Raum für Schutz und Sicherheit bieten. Seine Geduld sollte nicht mit Trägheit verwechselt werden. Den Stier wird man selten verträumt vorfinden, er ist ein Pragmatiker, der sich gerne mit den irdischen Dingen beschäftigt und sie genießt. Und genau hier liegen auch die Schwächen des Stiers. Durch die fehlende Fantasie kann er durchaus sein Leben in Routinen verbringen, ohne je das Bedürfnis zu haben, seinen Horizont zu erweitern. Dass er ungerne seine Komfortzone verlässt, kann sogar als Sturheit gelten und manche Menschen damit abschrecken. Ein zu ausgeprägter Beschützerinstinkt kann auch dazu ausarten, dass der Stier besitzergreifend wird, materiellen Dingen, aber auch Menschen gegenüber.

## Welchen Beruf würde der Stier wählen?

Für Arbeitgeber mit festen Strukturen, denen Loyalität und Beständigkeit wichtig sind, ist der Stier der perfekte Mitarbeiter. Sein bevorzugtes Arbeiten sieht demnach vor, dass er sich ein solides Fundament baut und von dort aus qualitativ hochwertige Ergebnisse liefert. Dies braucht Zeit, der Stier lässt sich dabei ungerne drängen. Dabei hilft ihm auch seine Stressresistenz, denn er wird sich nicht ablenken lassen, egal, welche Einschläge kommen. Der Stier ist wenig experimentell, er fühlt sich damit wohl, eine bestimmte Struktur zu etablieren und dann täglich auszuführen – was nicht bedeutet, dass er dabei nicht optimiert oder sich Gegebenheiten anpassen kann, er würde diese nur nicht selbst herbeiführen.

Den Stier wird man in einem Bereich finden, der wenig kreativ ist, dafür aber lebensnah und solide, wie zum Beispiel im öffentlichen Dienst. Auch in einem handwerklichen Beruf würde sich der Stier wohlfühlen, insbesondere, wenn dieser noch naturnah ist, wie zum Beispiel in der Landwirtschaft.

### Welche Partnerschaft eignet sich für den Stier?

Mit seinen traditionellen Werten und dem Wunsch nach Sicherheit, Eigenheim und Familie kommen für den Stier nur Partnerschaften in Frage, die eine ähnliche Lebensplanung haben. Trifft der Stier auf eine möglicherweise kompatible Person, wird er höflich und beständig um sie werben und sich dabei äußerst großzügig erweisen. Der Stier braucht keine Achterbahn der Gefühle, ständige Aufs und Abs, zu viel Streit oder Drama jeder Art ist dem soliden Stier ein Graus. Geht er eine Partnerschaft ein, wird er diese langfristig pflegen und vertiefen wollen, um gemeinsam ein schönes Leben aufzubauen. In sexueller Hinsicht werden Stiere nie müde, sich weiterzuentwickeln und ihren Partnern jeden Wunsch zu erfüllen. Dabei zeigen sie Intensität und Ausdauer und lassen sich mit Leib und Seele auf den Moment ein. Die ideale Partnerschaft für den Stier wäre geprägt von Zuverlässigkeit, gegenseitigem Vertrauen und Treue, aber auch von etwas mehr Abenteuerlust seitens des Partners. Eine Gefahr könnte ansonsten aufkommende Langeweile sein, ebenso das Fehlen von Leidenschaft. In der Partnerschaft braucht der Stier Impulse, die ihn dazu inspirieren, selbst Neues ausprobieren zu wollen.

**Diese Tierkreiszeichen könnten ideale Partner für den Stier darstellen:**
Skorpion, Löwe und Fische

**Mit diesen Tierkreiszeichen würde der Stier eher keine Partnerschaft eingehen:**
Steinbock, Widder und ein anderer Stier

**Den Stier würde man selten sagen hören:**
„Das kenne ich noch gar nicht, lass es uns ausprobieren."

**Der Stier würde eher sagen:**
„Das erwerbe ich für meine Sammlung."

# ZWILLINGE: 21. MAI BIS 21. JUNI

**Wer ist der Zwilling?**

Das landläufig bekannte Sternzeichen „mit den zwei Gesichtern“, so kontrovers zeigt sich der Zwilling. Durch seine Beweglichkeit, Neugierde und Agilität ist der Zwilling schwer zu erfassen und einzuschätzen. Dabei ist er ein Meister der Kommunikation. Neue Bekanntschaften kann er charmant und mit seinem weit gestreuten Wissen schnell in ein interessantes Gespräch verwickeln. Der Zwilling zeichnet sich durch seine natürliche Neugierde aus und durch sein Bedürfnis nach Abwechslung. Er zeigt sich auf den ersten Blick offen und fröhlich, es dauert jedoch, bis man dem Zwilling näherkommen kann und er einen hinter die Fassade blicken lässt. Den Zwilling erkennt man daran, dass er bereits den fünften Gang einlegt, während andere noch die Handbremse lösen.

**Wer sind die Freunde des Zwillings?**

Der Zwilling hat überall seine Freunde und Bekannte und wer noch nicht dazu gehört, der wird ganz schnell integriert. Voller Toleranz und vorurteilslos knüpft der Zwilling neue Kontakte und fühlt sich in der Mitte des Rampenlichts pudelwohl. Auf einer Party ist der Zwilling immer gerne willkommen, er kreiert eine Atmosphäre der Gemütlichkeit und Offenheit. Mit seiner lebensfrohen Art ist er schnell beliebt und gerne gesehen.

Durch seine Schnelllebigkeit knüpft der Zwilling zwar viele Kontakte, doch fehlt ihm oft die Beständigkeit, daraus tiefe Freundschaften zu entwickeln. Daher wird der Zwilling manchmal als oberflächlich und wenig zuverlässig erlebt.

## Was sind seine Stärken und Schwächen?

Der Zwilling ist ein echter Überlebenskünstler und stark anpassungsfähig. Er würde sich auch in fremden Ländern schnell zurechtfinden und man kann bei ihm sicher sein, dass er für jedes Problem eine Lösung findet oder zumindest jemanden kennt, der das Problem lösen kann. Der Zwilling kann mühelos mehrere Dinge zeitgleich umsetzen. Er sieht in Stress eher Herausforderungen, solange er dabei etwas lernen und seine überdurchschnittlichen kommunikativen Fähigkeiten einsetzen kann. Dabei kann es vorkommen, dass der Zwilling sich auch übernimmt und tief verankerte Bedürfnisse wie Stabilität und Verlässlichkeit ignoriert. Durch seine Flatterhaftigkeit beginnt der Zwilling zwar viele Dinge, bringt sie jedoch meistens nicht zu Ende. Blickt er dann zurück auf das, was er erreicht beziehungsweise nicht erreicht hat, kann da ein böses Erwachen kommen. Sein Bedürfnis nach Aufmerksamkeit kann mitunter für seine Mitmenschen anstrengend werden, insbesondere, wenn er das Rampenlicht nicht teilt. Das kann dann dazu führen, dass Menschen sich abwenden.

## Welchen Beruf würde der Zwilling wählen?

Durch seine Begeisterungsfähigkeit für schier alles in der Welt kann es durchaus passieren, dass der Zwilling etwas länger sucht, bis er sich dann auf einen Beruf festlegt. Hat er beispielsweise verschiedene Studiengänge ausprobiert, findet er vermutlich sein Glück in Berufen, die Entwicklungspotential haben. Beispielsweise in der Forschung könnte der Zwilling seine Neugierde ausleben. Durch seine ausgeprägten Kommunikationsfähigkeiten kann er durchaus mehrere Sprachen lernen und in Bereichen Fremdsprachenkorrespondenz, Reisen oder auch Journalismus glücklich werden. Der Zwilling möchte dringend mit seinem Verstand arbeiten und umgeben von Menschen sein, am besten auch von solchen, die er neu kennenlernt.

### Welche Partnerschaft eignet sich für den Zwilling?

Der Zwilling wird durch seine charmante Art heiß begehrt. Wenn er in Flirt- und Verführungslaune kommt, ist niemand vor ihm sicher. Mit seiner fröhlichen und unbeschwerten Art beschert er potenziellen Partnern außergewöhnliche Stunden, die lange im Gedächtnis bleiben. Sexuell ist ihm Körpersprache wichtig, die genauso vielfältig sein sollte wie in gemeinsamen Gesprächen. Er zeigt sich verspielt und experimentierfreudig, ohne Berührungsängste. Durch seine Erfahrung versteht sich der Zwilling darauf, anderen Menschen schnell nahezukommen. Leider ist er oft genauso schnell wieder weg, angezogen von einem Funkeln in der Ferne, der seine Neugierde weckt. Flirten und den ersten Reiz genießt der Zwilling, einer anschließenden Bindung und dem Aufbau echter, tiefer Gefühle steht er jedoch eher skeptisch gegenüber. Für ihn ist ein interessanter und gebildeter Partner geeignet, der intellektuell mithalten kann. Unabhängigkeit und freie Entfaltung sind für den Zwilling essentiell, daher wird er auch diese Qualitäten in einer Partnerschaft suchen.

**Diese Tierkreiszeichen könnten ideale Partner für den Zwilling darstellen:**
Waage, Wassermann und ein anderer Zwilling

**Mit diesen Tierkreiszeichen würde der Zwilling eher keine Partnerschaft eingehen:**
Fischen, Schütze, Jungfrau, Krebs und Stier

**Der Zwilling würde sehr viel sagen, allerdings vermutlich selten schweigen, ein Satz, den man daher eher weniger hört:**
„Ich habe nichts zu sagen."

**Der Zwilling würde mit diesem Sprichwort sehr übereinstimmen:**
„Wer rastet, der rostet."

# KREBS: 22. JUNI BIS 22. JULI

## Wer ist der Krebs?

Durch seine Bescheidenheit und sein Einfühlungsvermögen ist der Krebs ein ruhiger und angenehmer Zeitgenosse, der auf den ersten Blick nicht unbedingt auffällt. Von Freunden und Familie wird er als fürsorglicher und gütiger Mensch sehr geschätzt. Seine humanitäre Ader führt dazu, dass er überall hilft, wo er gebraucht wird, bis hin zur Selbstaufgabe. Der Krebs geht dabei methodisch und strukturiert vor, jedoch würde er sich selbst nicht in Gefahr bringen, dafür ist sein Sicherheitsbedürfnis zu groß. Unter seinem Panzer befindet sich ein Wechselmeer der Gefühle, das dazu führt, dass der Krebs manchmal als launisch wahrgenommen wird. Insbesondere wenn die Sorgen überhandnehmen und er sich ganz seinem Pessimismus hingibt, ist es manchmal schwierig, ihn vom Gegenteil zu überzeugen.

## Wer sind die Freunde des Krebses?

In dem Freundeskreis des Krebses wird es selten neue Gesichter geben. Jahrelange und tiefe Freundschaften in einem eher geschlossenen Zirkel sind der Nährboden des Krebses, bei dem er sich sicher und aufgehoben fühlt. Vertrauen und Zuverlässigkeit sind Werte, die er auch in seinem sozialen Umfeld wiederfindet.

Da der Krebs einen ausgeprägten Beschützerinstinkt hat, wird er sich mit Menschen umgeben, die entweder oft Hilfe brauchen oder aber ähnlich veranlagt sind und Hilfe anbieten. Weder der Krebs noch seine Freunde gehen gerne Risiken ein, sondern verbringen ihre Zeit eher mit Wohltätigkeit oder dem Diskutieren interessanter Ideen, wobei sie sehr respektvoll miteinander umgehen.

### Was sind seine Stärken und Schwächen?

Der Krebs fühlt das ganze Spektrum der Gefühle und ist ihnen manchmal auch ausgeliefert. Durch sein ausgeprägtes Mitgefühl und seine Beobachtungsgabe kann er Gefühle anderer Menschen schnell erkennen und Situationen gut einschätzen. Dadurch wird er oft sich selbst, jedoch auch andere vor Unglücken bewahrt haben. Er achtet sehr auf sich und wenn ihn Situationen überfordern, zieht er sich gerne in seinen Panzer zurück, der ihm Sicherheit gibt. Da er sehr gefühlsbetont und wechselhaft ist, kann sich seine Laune schnell ändern, was auf Menschen, die ihn nicht gut kennen, irritierend wirkt. Mit Sarkasmus oder Kommentaren zu seiner Person kann der Krebs nicht gut umgehen. Er nimmt Dinge schnell persönlich und reagiert gekränkt. Als Reaktion darauf kann der konfliktscheue Krebs sich dann zurückziehen und endgültig Abstand von Menschen nehmen, zu denen er negative Gefühle aufbaut.

### Welchen Beruf würde der Krebs wählen?

Es ist keine Überraschung, dass wir den Krebs vermutlich im sozialen Sektor finden, wo er sich um Schutzbedürftige kümmern kann. Da er Konflikte und Konkurrenzkampf verabscheut, wird er sich in einer kompetitiven Branche nicht wohl fühlen. Man sieht den Krebs eher in der Pflege oder in der Therapie, wo er Menschen dabei helfen kann, sich gut zu fühlen. Auch im Wellnessbereich würde sich der Krebs sehr wohlfühlen.

## Welche Partnerschaft eignet sich für den Krebs?

Wenn der Krebs liebt, dann liebt er mit Herz und Panzer. Es ist zunächst etwas schwierig, an ihn heranzukommen. Mit viel Sicherheit und auch Körpernähe kann man den Krebs jedoch herauslocken. Der Krebs ist nicht für oberflächliche und kurzweilige Romanzen zu haben, dafür hat er selbst zu viel Tiefgang. Er fühlt sich damit wohl, sich auf eine Partnerschaft zu konzentrieren und dort dann alles zu geben, um eine langfristige und stabile Beziehung zu ermöglichen. Er möchte Beschützer sein und zeitgleich auch beschützt werden. Gerne würde er seinen Panzer mit jemandem teilen, der genauso viel Wert auf Geborgenheit und Beständigkeit legt. In sexueller Hinsicht möchte der Krebs ganz mit seinem Partner verschmelzen. Es muss eine Symbiose aus Körper und Geist sein. Dafür lässt sich der Krebs viel Zeit und investiert Mühe. Wenn er sich verliebt, neigt der Krebs dazu, seine Partner zu idealisieren. Für manche ist das überfordernd, denn sie möchten so gesehen werden, wie sie sind, und nicht einem Idealbild entsprechen.

**Für den Krebs eignen sich beständige und einfühlsame Partnerschaften, die in den Tierkreiszeichen**
Stier, Fische und Skorpion zu finden sind.

**Weniger geeignet sind dagegen**
Wassermann, Zwilling und Löwe.

**Von dem Krebs würde man eher selten hören:**
„Ohne Risiko keinen Spaß."

**Der Krebs würde eher sagen:**
„Lass uns gemeinsam Gutes tun."

# LÖWE: 23. JULI BIS 23. AUGUST

## Wer ist der Löwe?

Als Autorität und Oberhaupt weiß der Löwe sich zu jederzeit in das richtige Licht zu rücken. Seiner Ausstrahlung ist kaum zu widerstehen. Sobald der Löwe den Raum betritt, sind alle Blicke auf ihn gerichtet. Charmant und voller Lebenskraft, außergewöhnlich gut und stilvoll gekleidet, stiehlt er anderen voller Absicht die Show und erfreut sich an dem Glanz, mit dem er sich selbst umgibt. Der Löwe gilt als warmherzig und leidenschaftlich. Er liebt auch die Bequemlichkeit und da er sehr im Hier und Jetzt lebt, genießt er die Ruhe und Zeit für sich in vollen Zügen. Sobald er mit seinen feinen Antennen eine Ungerechtigkeit wittert, entfaltet der Löwe sein volles Potential und springt den Schwachen schützend zur Seite. Wenn der Löwe einmal gebrüllt hat, ist anschließend für gewöhnlich erst einmal Ruhe.

## Wer sind die Freunde des Löwen?

An der Seite des Löwen ist grundsätzlich jeder willkommen. Wichtig ist dabei nur, dass man ihm keine Konkurrenz macht und ihn nicht herausfordert. Der Löwe ist ein treuer Freund, der für seine Freunde einsteht und sie um jeden Preis beschützt. Auch sensiblere Charaktere umgeben sich gerne mit ihm, da der Löwe voller Güte und Freundlichkeit einen Raum der Akzeptanz und der Sicherheit für jeden schafft. Ob neue Bekanntschaften oder alteingesessene Freunde, alle finden einen Platz an seinem Tisch, solange sie seine Autorität nicht in Frage stellen. Er kann auch anderen durchaus Raum für Unterhaltung und Rampenlicht lassen, wenn er dieses jedoch für sich beansprucht, wird er auf wenig Widerstand stoßen.

### Was sind seine Stärken und Schwächen?

Der Löwe ist beharrlich und begeisterungsfähig, was ihn zu einer interessanten und beliebten Gesellschaft macht. Er weiß genau, was er will und wie er es erreicht. Gerne hilft er auch anderen dabei, ihre Ziele zu erreichen, hier zeigen sich seine angeborenen Führungsqualitäten. Mit seinem ausgeprägten Gerechtigkeitssinn und seiner überdurchschnittlichen Menschenkenntnis ist der Löwe ein wertvoller Begleiter durchs Leben. Er selbst weiß seine Anziehungskraft genau einzusetzen und mit seiner herzlichen und großzügigen Art schafft er für sich hilfreiche Bindungen. Sein Bedürfnis nach Rampenlicht kann auf seine Mitmenschen auf Dauer durchaus ermüdend werden, insbesondere, wenn sie sich nach Stille sehnen. Auch durch seine bestimmte und dominante Art überschreitet er manchmal unbeabsichtigt Grenzen und zerschlägt dauerhaft Porzellan. Sein Bedürfnis nach Luxus kann in unnötigem Kaufrausch ausarten und verschwenderisch sein.

### Welchen Beruf würde der Löwe wählen?

Den Löwen werden wir insbesondere in einer Position mit hoher Verantwortung finden oder zumindest auf dem Weg dorthin. Er braucht eigene Kompetenzen und möglichst Führungsaufgaben, um seine Fähigkeiten befriedigend einsetzen zu können.

Oft wird sich der Löwe eher im selbständigen Bereich befinden, da seine Selbstverwirklichung eine der obersten Prioritäten ist und er sich durch seine Eigensinnigkeit schwer unterordnen kann. Da er auch eine ausgeprägte soziale Ader hat, würde der Löwe beispielsweise Projekte humanitärer Hilfen leiten.

### Welche Partnerschaft eignet sich für den Löwen?

Mit seiner charmanten Art und durch seine Großzügigkeit wirkt der Löwe auf alle anziehend, die sich einen starken und lebensfrohen Partner wünschen. Der Löwe würde geeignete Partner erst einmal jagen und sich die größte Mühe geben, von sich zu überzeugen. Er sucht dabei eher keinen untergeordneten Gegenspieler, sondern wünscht sich eine Partnerschaft auf Augenhöhe. Die Schwierigkeit dabei ist, dass es schnell zu Machtkämpfen ausarten kann, wenn beide nicht einen Schritt zurücktreten und dem anderen den nötigen Raum lassen können. Mit dem Löwen kann man eine intensive Beziehung erleben, die nie Langeweile aufkommen lässt. In sexueller Hinsicht ist der Löwe ausdauernd, erotisch und wild. Für ihn ist die körperliche Nähe von existentieller Bedeutung für eine Partnerschaft, daher wird er diese Nähe oft und vehement einfordern.

**Diese Tierkreiszeichen könnten mit dem Löwen mithalten:**
Waage und Schütze.

**Andere hingegen wären mit dem Löwen eher weniger kompatibel:**
Löwen, Steinbock und Zwillinge

**Der Löwe scheut sich zwar nicht davor, alles auszusprechen, aber er würde vermutlich eher selten sagen:**
„Ich lasse dir den Vortritt.“

**Eher würde man von ihm hören:**
„Da bin ich, auf den alle gewartet haben.“

# JUNGFRAU: 24. AUGUST BIS 23. SEPTEMBER

## Wer ist die Jungfrau?

Die Jungfrau fällt insbesondere durch ihren scharfen Verstand und ihre analytischen Fähigkeiten auf. Sie ist strukturiert, klar und ordnungsliebend. Dass die Jungfrau unpünktlich ist oder irgendeine Aufgabe schlampig ausführt, kommt eher selten vor. Auch wird man sie nicht träumerisch über Fantasievolles sprechen hören, denn die Jungfrau hat einen ausgeprägten Realitätssinn. Mit ihrem Blick fürs Wesentliche kann die Jungfrau leicht Täuschungen erkennen und sie lässt sich nichts vormachen.

## Wer sind die Freunde der Jungfrau?

Mit ihrer strukturierten und sachlichen Art ist die Jungfrau in ihrem Freundeskreis sehr geschätzt. Sie ist alltagsnah und pragmatisch. Wenn es darum geht, Daten zu kennen, Dinge zu organisieren oder auch umzusetzen, ist sie immer zur Stelle. Auch hat sie für ihre Freunde immer ein offenes Ohr und sie ist durch ihre kompetenten Ratschläge sehr beliebt. Anfangs wirkt die Jungfrau eher distanziert, erst mit der Zeit und wenn sie ausreichend Gelegenheit hatte, die Menschen einzuschätzen, öffnet sie sich und lässt Personen an sich heran. Daraus entwickeln sich oft tiefe und lebenslange Freundschaften, die auf Zuverlässigkeit und Vertrauen beruhen.

### Was sind ihre Stärken und Schwächen?

Wenn es etwas zu tun gibt, wenn ein Problem zu lösen oder eine knifflige Aufgabe zu bewältigen ist, ist die Jungfrau stets zur Stelle. Mit Blick fürs Detail und ohne jede Mühe zu scheuen, stürzt sie sich in die Arbeit. Ihre Wissbegierde kennt dabei schier kein Ende und sie wird sich unermüdlich fortbilden, was dazu führt, dass sie über überdurchschnittlich viel Wissen verfügt. Ihr Perfektionismus kann jedoch auch dazu führen, dass sie für Aufgaben länger braucht oder diese umständlicher löst, als es nötig wäre. Auf manche wirkt die Jungfrau kleinlich, humorlos und streng. Manchmal muss die Jungfrau noch lernen, ihr Pflichtbewusstsein zu drosseln und sich dafür mehr den spaßigen Dingen im Leben zu widmen.

### Welchen Beruf würde die Jungfrau wählen?

Überall dort, wo mit Zahlen gearbeitet wird und Struktur und Ordnung wichtig ist, wird sich die Jungfrau wohl fühlen. Ihr macht harte Arbeit nichts aus, Hauptsache ist, dass sie einen Sinn darin finden kann. Ein Beruf aufgrund des gesellschaftlichen Status wird die Jungfrau eher nicht ergreifen. Sie bevorzugt Arbeiten, in denen sie korrigierend tätig sein kann, wie zum Beispiel in Bereichen der Qualitätskontrolle oder der Wirtschaftsprüfung. Auch filigrane, handwerkliche Arbeiten könnten für die Jungfrau interessant sein, wie beispielsweise Glasmalerei.

### Welche Partnerschaft eignet sich für die Jungfrau?

Die Jungfrau sucht in einer Partnerschaft einen Begleiter, mit dem sie gemeinsam den Alltag bewältigen kann. Ihr liegt nichts an fernen Reisen oder idealistischen Zielen, sondern eher an einer zuverlässigen und soliden Partnerschaft. Dabei kommen nur Partner in Frage, die intellektuell auf Augenhöhe sind. Das gestaltet sich durchaus schwierig, daher dauert es recht lange, bis die Jungfrau passende Kandidaten für eine Partnerschaft findet. Sexualität ist dabei eher nebensächlich. Mit einem gut vorbereiteten romantischen Abend kann man der Jungfrau dennoch eine Freude machen. Konflikte weiß die Jungfrau schnell und sachlich zu lösen. Dramen oder destruktive Streitgespräche würde es in einer Partnerschaft mit ihr vermutlich selten geben. Um die Leidenschaft nicht zu verlieren, bräuchte die Jungfrau einen ergänzenden Pol, der sie hin und wieder überrascht und mit kleinen Ausflügen raus aus dem routinierten Alltag holt.

**Für sie kommen ähnlich sachliche Charaktere wie sie selbst in Frage, z. B.** Steinbock, Schütze oder auch eine andere Jungfrau.

**Hiermit kann die Jungfrau dagegen vermutlich eher wenig anfangen:**
Löwe, Zwillingen oder Wassermann

**Was die Jungfrau vermutlich nicht sagen würde, wäre:**
„Das habe ich übersehen."

**Eher würde sie sagen:**
„Ich habe das analysiert und weiß nun, wie wir es lösen."

# WAAGE: 24. SEPTEMBER BIS 23. OKTOBER

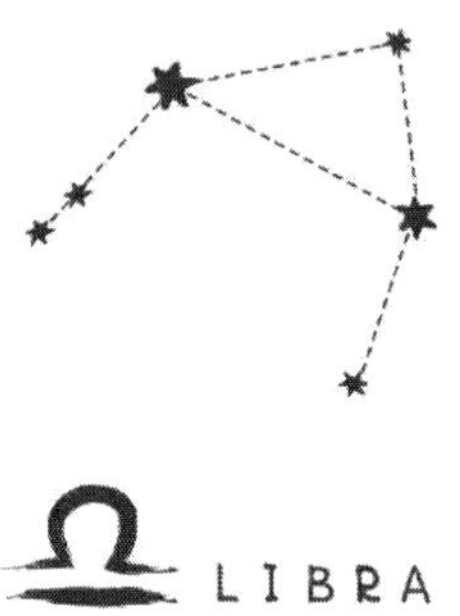


## Wer ist die Waage?

In der Brust der Waage schlagen zwei Herzen: Gerechtigkeit und Ästhetik. Die Waage ist daher harmoniebedürftig und ausgewogen. Sie wirkt auf ihre Menschen anmutig und kultiviert. Ihr Grundcharakter ist gezeichnet von Freundlichkeit und Güte, dabei setzt sie sich unermüdlich für das ein, was sie als gerecht empfindet. Sie ist den schönen Dingen des Lebens sehr zugetan und beschäftigt sich daher gerne mit Kunst und Mode. Dies sieht man ihr auch an, denn sie tritt stilvoll und selbstbewusst auf. Luxusgüter und seltene Kunststücke sorgen bei der Waage für Begeisterung.

## Wer sind die Freunde der Waage?

Die Waage umgibt sich mit ähnlich kultivierten Menschen, die sich respektvoll und feinfühlig verhalten. Grobes Verhalten oder gar offen ausgetragene Konflikte sind im Freundeskreis der Waage selten zu sehen. Sie selbst ist sehr darum bemüht, es allen recht zu machen, und tut sich manchmal mit einem „Nein“ schwer. Daher geht sie eher Freundschaften mit Menschen ein, die sensibel sind und ihr Unbehagen spüren, auch wenn sie es nicht immer verbalisiert. Ein harmonisches Miteinander ist für die Waage von größter Bedeutung, aber auch, dass die Menschen einander fair behandeln. In ihrem Freundeskreis ist sie als Vermittlerin geschätzt. Mit Ruhe und Freundlichkeit schafft sie es, Störungen aus der Welt zu schaffen, bevor sie zu Konflikten ausarten.

### Was sind ihre Stärken und Schwächen?

Für Entscheidungen nimmt sich die Waage lange Zeit, sie entscheidet eher aus dem Kopf heraus als aus dem Bauch. Sie wiegt die Punkte gegeneinander genau ab, was zu kompetenten Entscheidungen führt. Die Waage durchdenkt ihr Handeln und befragt insbesondere ihren Gerechtigkeitskompass. Ihr ist es wichtig, dass die Menschen friedvoll und harmonisch miteinander umgehen. Das kann zu einer gewissen Scheu vor Konflikten führen und dazu, dass sie sich nicht durchsetzen kann. Es ist zu befürchten, dass die Waage eine Überanpassung an ihre Mitmenschen entwickelt und ihr Entscheidungen, für die sie zu lange braucht, schlicht abgenommen werden.

### Welchen Beruf würde die Waage wählen?

Durch ihren ausgeprägten Gerechtigkeitssinn wäre die Waage in einem juristischen Beruf gut aufgehoben. Insbesondere in einem Fachbereich, in dem sie als Vermittlerin auftreten kann, wie zum Beispiel als Mediator, könnte die Waage ihr Glück finden.

Würde sie sich auf ihr zweites Wesensmerkmal konzentrieren, so würde sie einen Beruf im Bereich Kunst und Mode suchen. Ihren Sinn für Ästhetik und auch das Bedürfnis, Dinge zu verschönern, könnte die Waage auch beispielsweise im Beruf des Innenarchitekten ausleben.

Für Konkurrenz und Konflikte hat die Waage nicht viel übrig. Daher würde man sie in einem Bereich, in der Ellenbogenpolitik und Druck herrscht, eher weniger auffinden.

## Welche Partnerschaft eignet sich für die Waage?

Durch das Ausstrahlen von Schönheit, Anmut und Zufriedenheit zieht die Waage ausreichend Kandidaten an. Macht man ihr Geschenke und zeigt man sich ihr gegenüber großzügig, kann man ihr Herz schnell gewinnen. Mit einer Leichtigkeit und Lebenslust geht die Waage eher Partnerschaften ein, die dies auch wertschätzen und ausleben möchten. Dabei hat die Waage allerdings anfänglich Schwierigkeiten, sich auf eine Person einzulassen, denn das würde oftmals bedeuten, dass sie anderen eine Absage erteilen muss. Mit einem „Nein" tut sich die Waage schwer, also würde sie die Entscheidung bis zum letzten Moment hinauszögern. Geht die Waage jedoch erst einmal eine Partnerschaft ein, sind Harmonie und Frieden ihre obersten Maximen. Streit und regelmäßige Konflikte sind für die Waage schwer zu ertragen und sie würde möglichst viel versuchen, um die Harmonie herzustellen.

Auf sexueller Ebene sind für die Waage Erotik, Sinnlichkeit und Ästhetik sehr wichtig. Nicht selten werden die Räume entsprechend gestaltet und ein Ambiente geschaffen, das keine Wünsche offen lässt.

**Mit der Waage kompatible Tierkreiszeichen sind:**
Schütze, Löwe, Wassermann und eine andere Waage.

**Wenig kompatibel sind hingegen:**
Stier, Krebs und Jungfrau.

**Was man von der Waage selten hören würde:**
„Lass uns das ausdiskutieren."

**Die Waage würde eher sagen:**
„Holt mich dazu, ich vermittle gerne."

# SKORPION: 24. OKTOBER BIS 22. NOVEMBER

## Wer ist der Skorpion?

Mit seiner Neigung zur Mystik und dem Geheimnisvollen versucht der Skorpion, alles zu ergründen, was im Verborgenen liegt. Darunter fallen manchmal auch Menschen, die der Skorpion aufgrund seines unfehlbaren Instinkts oftmals wie offene Bücher lesen kann. So gerne der Skorpion auch forscht, so ungern gibt er etwas von sich selbst preis. Der Skorpion gilt als hochbelastbar, zäh und ehrgeizig. Er ist eher bewahrend als verschwenderisch und folgt seinen Zielen entschlossen. Dabei beweist er eine hohe Zuverlässigkeit, die von seinen Mitmenschen geschätzt wird.

## Wer sind die Freunde des Skorpions?

Durch sein Misstrauen fällt es dem Skorpion schwer, Freundschaften zu schließen. Lernt er neue Menschen kennen, wirkt er durch seine nachdenkliche Art oft distanziert. Interessiert er sich jedoch für jemanden, stellt er viele Fragen, die manchen zuweilen unangenehm sein können. Wer sich jedoch von dem Interesse geschmeichelt fühlt und sich von der Mystik des Skorpions anziehen lässt, kann mit ihm eine einzigartige und lebenslange Freundschaft aufbauen. Der Skorpion überlegt es sich doppelt, wen er in seinen Freundeskreis aufnimmt. Die Personen, denen es vergönnt ist, werden in dem Skorpion immer einen loyalen Freund haben, der sie so akzeptiert, wie sie sind.

### Was sind seine Stärken und Schwächen?

Der Skorpion gilt als fleißig und besitzt eine außergewöhnlich gute Menschenkenntnis. Aus diesem Grund hält er sich eher von Menschen fern, denn er scheut auch nicht davor zurück, Negatives genau unter die Lupe zu nehmen. Seine hohe Intelligenz führt zu erstaunlichen Ergebnissen, jedoch trägt sie auch dazu bei, dass er oft Dinge zerdenkt. Anstatt Situationen manchmal einfach zu genießen, fixiert sich das Interesse des Skorpions auf eine Sache, der er dann seine volle Aufmerksamkeit widmet. Diese kann positiv oder negativ behaftet sein, höchstwahrscheinlich ist es aber etwas, dessen Antwort nicht auf der Hand liegt.

### Welchen Beruf würde der Skorpion wählen?

Durch seine analytischen Fähigkeiten und seinen Forscherdrang, allem auf dem Grund zu gehen, ist der Skorpion nicht selten in der Kriminalistik anzutreffen. Er hat keine Angst davor, sich die Hände schmutzig zu machen und in Abgründe zu blicken, in die sich sonst keiner traut. Da sie als unbestechlich gelten, kann es durchaus sein, dass Skorpione auch Ämter bekleiden, die mit hohen Vertrauenspositionen belegt sind, wie Politiker. Da der Skorpion sich schnell langweilt, braucht er einen Beruf, der ihn regelmäßig vor herausfordernde Aufgaben stellt und ständigem Wandel unterzogen ist.

### Welche Partnerschaft eignet sich für den Skorpion?

Bevor der Skorpion eine Partnerschaft eingeht, ist er erst einmal misstrauisch. Durch seine dauernde Selbstkritik muss er von potenziellen Partnern erst einmal ausreichend Sicherheit haben, dass er genauso geliebt und wertgeschätzt wird, wie er ist. Dies kann schon einmal einige Zeit in Anspruch nehmen und so manchem Kandidaten fehlt dafür die Ausdauer. Dabei hat der Skorpion durchaus ausreichend Auswahl, denn durch seine tiefgründige und geheimnisvolle Art wirkt er insbesondere auf Charaktere anziehend, die ähnlich gerne forschen wie er. Ist der Skorpion einmal von einer Partnerschaft überzeugt, braucht er ein starkes und selbstbewusstes Gegenüber, das ihn daran erinnert, dass Liebe kein Machtgerangel, sondern Harmonie ist. Hat der Skorpion ausreichend Stabilität und Sicherheit in der Beziehung, erweist er sich als unermüdlicher Liebhaber, der auch in sexueller Hinsicht intensiv, fantasievoll und tabulos agiert.

**Passende Tierkreiszeichen dazu sind andere:**
Skorpione sowie Fische und Krebs.

**Schwierig hingegen wird es mit:**
Stieren, Löwen und Schütze.

**Was man vom Skorpion nicht hören würde:**
„Ich schaffe das nicht."

**Was der Skorpion eher sagen würde:**
„Ich will der Sache auf den Grund gehen."

# SCHÜTZE: 23. NOVEMBER BIS 21. DEZEMBER

## Wer ist der Schütze?

Mit seinem Drang nach Freiheit und Abenteuer ist der Schütze ein naturverbundener Idealist. Dabei ist er zugleich beweglich und dynamisch, ebenso träumerisch und philosophisch. Nachdem der Schütze seine Alltagsroutine bewältigt hat, wird er den Ruf des Abenteuers folgen und sich auf die Suche nach Spaß machen. Dabei legt er durchaus Ruhepausen ein, in denen er über die Welt nachdenkt und darüber, wie man diese verbessern könnte. Eine der stärksten Eigenschaften des Schützen ist sein ausgeprägter Sinn für Wahrheit und Aufrichtigkeit. Der Schütze wird vermutlich nicht lügen, auch keine kleinen Notlügen anwenden, und immer offen die Wahrheit sagen. Menschen schätzen ihn dafür, allerdings kann dies auch dazu führen, dass er oft ins Fettnäpfchen tritt.

## Wer sind die Freunde des Schützen?

Der Schütze hat einen ausgedehnten Freundeskreis, der weit verstreut ist. Es ist leicht, mit ihm in Kontakt zu treten und sich von seiner Begeisterung anstecken zu lassen. Er schließt Freundschaften meistens in Rahmen von Erlebnissen, die dann lange zusammenschweißen, auch wenn der Schütze nicht regelmäßig den Kontakt sucht. Sein ausgeweitetes Netzwerk bietet ihm Sicherheit, die trotz seines Abenteuerdrangs ein zentrales Bedürfnis für den Schützen darstellt. Daher sind in seinem sozialen Umfeld auch Menschen zu finden, die zwar ebenfalls das Abenteuer suchen, allerdings ein solides Fundament im Leben haben.

## Was sind seine Stärken und Schwächen?

Der Schütze sprüht nur vor Energie und ist lebensbejahend. Er ist ein weltoffener und sorgloser Zeitgenosse, den man gerne um sich hat. Sein Optimismus und sein Wissensdurst sorgen dafür, dass er sich stets weiterbildet und neuen Dingen offen gegenübertritt. Durch seine aufrichtige und direkte Art ist er insbesondere bei Menschen beliebt, die die absolute Wahrheit schätzen. Oftmals fehlt ihm dabei allerdings der Sinn für Diplomatie, so dass er manchmal Menschen vergrault oder für Unruhe sorgt.

## Welchen Beruf würde der Schütze wählen?

Als wahrer Idealist kann der Schütze in beinahe jedem Beruf arbeiten, solange er eine Sinnhaftigkeit darin erkennt. In einem Bürojob mit viel Routine und einschränkenden Strukturen würde sich der autonome Schütze eher unwohl fühlen. Der Beruf muss ihn dauerhaft begeistern können und seinen Ansprüchen nach ausreichend Bewegungsfreiraum genügen. Daher würde er vermutlich im Reisesektor arbeiten oder als Selbstständiger alles nach seinen Wünschen gestalten. Dabei ist ihm die Sinnhaftigkeit des Jobs wichtiger als das Einkommen.

### Welche Partnerschaft eignet sich für den Schützen?

Der Schütze sucht nach möglichst vielen Abenteuern und neuen Erkundungen, auch in der Liebe. Mit einer festen Bindung würde er sich schwertun, insbesondere, wenn diese Einschränkungen für ihn bedeutet. Für den Schützen würde sich da vermutlich eher ein alternatives Beziehungsmodell eignen. Eine Partnerschaft darf für ihn keine Bremse bedeuten, sondern könnte nur ausgelebt werden, wenn beide den Drang nach Wachstum und Neuem haben. Der Schütze würde sich eher für exotische Partnerschaften interessieren, etwas, was sein Interesse langfristig aufrechterhält.

In der Partnerschaft zeigt sich der Schütze impulsiv und wild, auch in sexueller Hinsicht. Zu viel Wiederholungen und langweilige Ausführungen sind für den Schützen auf Dauer uninteressant. Für eine langfristige Partnerschaft braucht der Schütze ein stabiles Zuhause und Sicherheit sowie Abenteuer unter freiem Himmel.

**Dazu eignen sich ähnlich unabhängige Charaktere der Tierkreiszeichen**
Löwe und Widder.

**Weniger kompatibel sind da vermutlich**
Krebs und Jungfrau.

**Ein Satz, den der Schütze vermutlich nicht sagen würde, wäre:**
„Ich brauche etwas mehr Routine."

**Er würde vielmehr sagen:**
„Ich möchte etwas Neues erleben."

# STEINBOCK: 22. DEZEMBER BIS 20. JANUAR

### Wer ist der Steinbock?

Der Steinbock gilt als grundsatztreu, diszipliniert und bodenständig. Seine Werte sind eher konservativ und traditionell. Er ist sehr leistungsorientiert und arbeitet viel und hart, um seine Ziele zu erreichen. Dabei ist er getrieben von dem Wunsch nach gesellschaftlicher Anerkennung. Seinem Wunsch nach Sicherheit entspricht er, indem er materielle Güter anschafft, die zwar kosten, allerdings auch langlebig sind. Dabei geht es ihm weniger um schmückende Luxusgüter als vielmehr um langfristige Investitionen. Der vorsichtige Steinbock sprintet nicht unbedingt seinen Zielen entgegen, sondern bewegt sich mit Beständigkeit und Ausdauer durchs Leben.

### Wer sind die Freunde des Steinbocks?

Freunde zu finden, ist für den pflichtbewussten Steinbock manchmal gar nicht so einfach. Er ist zwar klug und auch ideenreich, dennoch fällt es ihm oft schwer, sich auszuruhen und die Gesellschaft anderer Menschen zu genießen. Da er sehr realitätsnah ist, wird er selten mit Menschen interagieren, die sich über Fantasievolles unterhalten. In einer Umgebung, in der sich Menschen über pragmatische Themen unterhalten oder in der die Sozialisierung eher als Nebenprodukt zu einer Handlung gehört, fühlt sich der Steinbock viel wohler. Nicht selten findet sich sein soziales Umfeld in großem Maße im beruflichen Kontext.

### Was sind seine Stärken und Schwächen?

Der verantwortungsbewusste Steinbock scheut sich nicht vor harter Arbeit und trägt damit viel zur Gesellschaft bei. Auf ihn ist stets Verlass und deswegen erhält er viel Anerkennung. Seine Grundsatztreue ist außergewöhnlich und zeichnet ihn als loyalen und zuverlässigen Menschen aus. Manchmal vergisst der fleißige Steinbock neben der Arbeit, auch einmal das Leben zu genießen. Auf andere kann er oft ernst und ungesellig wirken. Durch seine strukturierte Art kann er als unflexibel und engstirnig gelten.

### Welchen Beruf würde der Steinbock wählen?

Durch seine natürliche Ernsthaftigkeit sowie den Wunsch nach verantwortungsbewusster Arbeit für einen gesellschaftlichen Zweck schlägt der Steinbock oft die Beamtenlaufbahn ein oder ist auch im Bankwesen zu finden. Er übernimmt gerne eigenständige Projekte, die er mit dem nötigen Ehrgeiz nach vorne treibt. Konkurrenzkämpfe sowie Konflikte am Arbeitsplatz sind für ihn nur unnötige Ablenkungen. Da er stets einen kühlen Kopf bewahrt, ist er insbesondere in stressigen Situationen für jeden Arbeitgeber ein echter Gewinn. Schnelllebige und kreative Bereiche, denen die nötige Struktur und Ordnung fehlt, sind für den Steinbock wenig reizvoll. Er hat an seine Arbeit den Anspruch, dass es ein gutes Einkommen bringt, mit dem er sich und seine Familie absichern kann.

### Welche Partnerschaft eignet sich für den Steinbock?

Zwischen dem pflichtbewussten Erfüllen seiner Aufgaben sehnt sich der Steinbock zuweilen nach Zweisamkeit. Oftmals fällt es ihm schwer, sich darauf zu konzentrieren, denn dann könnten andere, wichtige Arbeiten liegen bleiben. Bevor er sich dem Herzen widmet, würde der vorsichtige Steinbock eher eine Liste mit den Wunschvorstellungen an eine Partnerschaft erstellen, damit er auch in diesem Bereich eine mögliche Struktur aufbaut, nach der er sich richten kann. Auf anfängliche Bekanntschaften kann er schüchtern wirken. Kommt er erst einmal in Kontakt, wird er durch seine ruhige und traditionelle Art, den Hof zu machen, schnell Sympathien ernten. Geht er eine Beziehung ein, findet man in dem Steinbock einen Familienmenschen ohnegleichen, der unerschütterlich auch in schlechten Zeiten stets zur Seite steht. Wer sich eine langfristige Partnerschaft mit Sicherheit, Treue und Wohlstand wünscht, wird mit dem Steinbock fündig.

Sexuell gesehen erledigt der Steinbock auch diese Aufgabe zu 110 Prozent. Dort lässt er jegliche Emotionen raus, die er im Alltag eher verbirgt, und zeigt sich überraschend leidenschaftlich. In einer optimalen Partnerschaft vergisst der Steinbock auch einmal seine Pflichten und kann voll und ganz das Leben genießen.

**Kompatible Tierkreiszeichen könnten hier sein:**
Fische, Jungfrau und Stier

**Eher wenig kompatibel zeigen sich:**
Widder, Zwillinge und Löwe.

**Vom Steinbock würde man vermutlich eher selten hören:**
„Lass uns heute früh Feierabend machen und ausgehen."

**Vielmehr könnte er so etwas sagen:**
„Erst die Pflicht, dann die Arbeit, dann das Vergnügen."

# PARTNERASTROLOGIE: WELCHES TIERKREISZEICHEN PASST ZU IHNEN?

Eine der meistgestellten Fragen in der Individualastrologie ist die nach Liebe und Partnerschaft. Wie wir bereits im Kapitel der Sternzeichen gesehen haben, sind manche miteinander besser kombinierbar als andere. Widmen wir uns hier diesem Thema nun genauer und erfahren auch, welche Rolle dabei die Aszendenten und Deszendenten spielen.

Wie wir bereits wissen, ist der Deszendent der Gegenpol des Aszendenten und hat einen großen Einfluss auf das Thema Partnerschaft. Während der Aszendent sich mit dem „Ich" beschäftigt und mit der Wirkung auf die Umwelt, zeigt der Deszendent vielmehr das „Du" an und auch, worauf man bei einem möglichen Partner achten sollte.

Schauen wir uns dazu die möglichen Kombinationen der Sternzeichen und ihre Bedeutungen an.

QR-Code zu allen Sternzeichenkombinationen

# Astrologie Advanced

## WEITERFÜHRENDES WISSEN FÜR DIE TIERKREISZEICHEN

Kommen wir nun von der Interpretation zur Kategorisierung der Tierkreiszeichen. In der Astrologie werden die Tierkreiszeichen durch Werkzeuge klassifiziert, die wir gleich näher kennenlernen werden. Dies dient zum besseren Verständnis und der genaueren Interpretation.

Als Oberbegriffe begegnen uns hier die *Polarität*, mit der die Tierkreiszeichen in zwei Muster, nämlich passive oder aktive Reaktionsmuster, eingeteilt werden.

Im Weiteren begegnet uns die *Qualität der Modalität*, die in drei Ausdrucksformen unterteilt: kardinal, was richtungsweisend bedeutet, feste Zeichen oder bewegliche Zeichen.

Zuletzt unterteilt die Klassifizierung noch in die *vier Elemente*, wie wir sie bereits in einem früheren Kapitel unter dem Titel „Die Elementenlehre“ kennengelernt haben.

Mithilfe der Unterteilung der Tierkreiszeichen nach den Charakteren und Temperamenten, ungeachtet ihrer Fähigkeiten, Schwächen und Stärken, werden die Bestandteile des Zodiaks näher interpretiert. Einen kurzen Hinweis dazu haben wir bereits gesehen, als wir die Planeten kennengelernt haben, die ebenfalls den Elementen zugeordnet waren. Blicken wir nun auf die Interpretation der Tierkreiszeichen unter Verwendung der oben genannten Werkzeuge.

# POLARITÄT – DEN TIERKREIS DURCH ZWEI TEILEN: YIN UND YANG

Mit der Polarität wird eine Tendenz im Reaktionsmuster beschrieben, die entweder aktiv und nach außen gekehrt oder passiv und nach innen gekehrt ist. In der Astrologie wird dieses Reaktionsmuster auch mit positivem und negativem Pol, oder auch eher altmodisch mit weiblich und männlich, beschrieben. Am gängigsten sind hier die Bezeichnungen Yin und Yang, da diese zwar eine Gegensätzlichkeit anzeigen, die sich jedoch ergänzt.

Die Tendenzen sind hier ohne Wertung zu betrachten, das eine ist nicht besser oder schlechter als das andere, sondern soll lediglich dazu dienen, die Tierkreiszeichen besser zu verstehen.

**Positive, dem Yang zugeordnete Tierkreiszeichen sind:**
Widder, Zwillinge, Löwe, Waage, Schütze und Wassermann.

Wenn wir uns an das vorherige Kapitel erinnern, so stellen wir fest, dass all diese Tierkreiszeichen eines gemeinsam haben: Sie sind eher extravertiert. Ihre Bedürfnisse und ihr Auftreten richten sich eher nach Außen, wie beispielsweise das Bedürfnis nach Aufmerksamkeit, Kontaktfreudigkeit und Impulsivität.

**Negative, dem Yin zugeordnete Tierkreiszeichen sind demnach:**
Stier, Krebs, Jungfrau, Skorpion, Steinbock und Fische.

Ganz im Gegenteil zu den Yang-Zeichen sind diese vielmehr nach innen gekehrt, also introvertiert. Sie sind eher ruhige Beobachter, die sich viel mit sich selbst und ihrem Innenleben beschäftigen, bevor sie sich nach außen hin öffnen. Auch sind sie für äußere Reize empfänglicher als die Yang-Zeichen.

# MODALITÄT – DEN TIERKREIS DURCH DREI TEILEN: KARDINAL, STABIL UND MOBIL

In diese drei Qualitäten werden die Tierkreiszeichen unterteilt, um zu beschreiben, wie diese sich ausdrücken und auf ihre Umwelt reagieren.

**Kardinalzeichen hierbei sind:**
Widder, Krebs, Waage und Steinbock.

Kardinal bedeutet, dass diese Tierkreiszeichen Änderungen herbeiführen und dynamisch auf Gegebenheiten reagieren können. Sie haben keine Angst davor, voranzugehen, und erreichen meistens ihre Ziele, egal, wie hochgesteckt diese sind. Dabei gehen sie ihrem Typ entsprechend jeweils anders vor. Der Krebs beispielsweise würde sich etwas vorsichtiger herantasten als der Widder. Die Waage hat ihre Mitmenschen immer genau im Auge und der Steinbock handelt sehr bedacht.

**Feste oder stabile Zeichen sind:**
Stier, Löwe, Skorpion und Wassermann.

Diese Tierkreiszeichen sind besonders beharrlich und haben einen festen Willen. Sie verlieren ihre Ziele nicht aus den Augen und können diese mit langem Atem verfolgen. Sie gehen entschlossen und hartnäckig vor, wenn etwas ihre Aufmerksamkeit gewonnen hat. Beim Stier wird es sich dabei vermutlich um materielle Güter handeln oder um etwas nach traditionellem Wert. Der Löwe wird angelockt von Ruhm und Anerkennung. Der tiefgründige Skorpion wird zwar leise, aber ausdauernd seine Selbstverwirklichung im Auge haben. Und der Wassermann als geborener Idealist wird sein Handeln stur danach ausrichten.

**Bewegliche oder mobile Zeichen sind:**
Zwillinge, Jungfrau, Schütze und Fische.

Diese Tierkreiszeichen reagieren besonders flexibel auf Veränderungen. Sie können sich gut anpassen und sind offen für neue Impulse. Dabei reagiert der Zwilling insbesondere auf Wissensanreicherung. Die analytische Jungfrau bleibt weiterhin strukturiert, ist jedoch immer offen für Neues. Die Schützen sind sehr empfänglich für neue Reize und richten sich stark nach diesen aus. Die Fische reagieren sensibel auf Veränderungen und nehmen diese sehr feinfühlig auf.

Die Qualität der Modalitäten folgt immer aufeinander: kardinal, stabil und mobil, wie wir in einer späteren Tabelle sehen werden.

## ELEMENTE – DEN TIERKREIS DURCH VIER TEILEN: FEUER, ERDE, LUFT UND WASSER

Wie wir bereits in einem früheren Kapitel über die *Elementenlehre* gelernt haben, sind nicht nur den Planeten, sondern auch den Tierkreiszeichen die Eigenschaften der Elemente zugeordnet.

**Widder, Löwe und Schütze**

**Feuer** bringt Lebenskraft, Leidenschaft und Willenskraft mit. Es ist intensiv und braucht viel Freiraum – so wie die dazu gehörigen Tierkreiszeichen Widder, Löwe und Schütze. Wie das Feuer brauchen diese Tierkreiszeichen ihre Unabhängigkeit und ausreichend Bewegungsfreiraum.

**Stier, Jungfrau und Steinbock**

**Erde** steht für Beständigkeit, Vernunft und Bodenständigkeit. Den dazugehörigen Tierkreiszeichen Stier, Jungfrau und Steinbock sind Ordnung, Zuverlässigkeit sowie Materielles wichtig.

**Zwillinge, Waage und Wassermann**

**Luft** ist das Element der Freiheit, des Intellekts und der sozialen Fähigkeiten. Die Tierkreiszeichen Zwillinge, Waage und Wassermann sind diesem Element zugeordnet, gelten als Meister der Kommunikation und sind reisefreudig.

### Krebs, Skorpion und Fische

**Wasser** ist tief und unberechenbar, so wie die dazugehörigen Tierkreiszeichen Krebs, Skorpion und Fische. In ihnen brodeln intensive Gefühle, die nicht unbedingt nach außen gekehrt werden, und sie gelten als tiefgründig. Diese Tierkreiszeichen sind geleitet von einer unfehlbaren Intuition und sind echte Menschenkenner.

Auch die Elemente folgen in der oben aufgeführten Reihenfolge hintereinander, wie die Modalitäten.

In der folgenden Tabelle erhalten Sie einen zusammengefassten Überblick über die Werkzeuge, mithilfe derer wir die Tierkreiszeichen noch einmal unterteilt haben:

| Tierkreiszeichen | Polarität | Modalität | Element |
|---|---|---|---|
| Widder | Yang (Positiv) | Kardinal | Feuer |
| Stier | Yin (Negativ) | Fest | Erde |
| Zwillinge | Yang (Positiv) | Beweglich | Luft |
| Krebs | Yin (Negativ) | Kardinal | Wasser |
| Löwe | Yang (Positiv) | Fest | Feuer |
| Jungfrau | Yin (Negativ) | Beweglich | Erde |
| Waage | Yang (Positiv) | Kardinal | Luft |
| Skorpion | Yin (Negativ) | Fest | Wasser |
| Schütze | Yang (Positiv) | Beweglich | Feuer |
| Steinbock | Yin (Negativ) | Kardinal | Erde |
| Wassermann | Yang (Positiv) | Fest | Luft |
| Fische | Yin (Negativ) | Beweglich | Wasser |

# How to: Jahres-Horoskope selbst erstellen

Kommen wir nun zum praktischen Teil. Wir haben bislang alle Bestandteile des Horoskops kennengelernt und werden sie nun anhand von anschaulichen Beispielen einsetzen. Lernen Sie im Folgenden vier verschiedene Varianten, Horoskope zu erstellen. Sind Sie bereit?

## VARIANTE EINS: DAS GEBURTSHOROSKOP DES NEUEN JAHRES

Zu Beginn eines jeden neuen Jahres finden wir Jahreshoroskope; ob es nun im Fernsehen oder in Magazinen ist, alle wollen wissen, unter welchen Sternen das neue Jahr steht. Da das Jahr kein Mensch ist, jedoch mit denselben Werkzeugen berechnet wird wie ein Individualhoroskop, stellt sich hier die Frage: Wie genau erstellen wir das?

Das neue Jahr ist „geboren" am 01.01. um 00:00 Uhr, das ist so weit nichts Neues. Bezüglich des Ortes muss zunächst klar sein, für welches Land man das Jahreshoroskop erstellen möchte. Nehmen wir an, wir wollen das Jahreshoroskop für Deutschland erstellen. Dann würden wir die Hauptstadt Berlin als Ort wählen.

Die Parameter sind klar, schauen wir also, wie die Sterne am 01.01.2023 um 00:00 Uhr für Berlin stehen. Dazu geben wir diese Daten in einem Online-Stellarium ein, welches uns die Himmelskörper anzeigt.

In diesem Fall arbeiten wir mit der Astronomie-Webseite „Stellarium Web“. Diese zeigt die Himmelskörper am Himmel zu einem bestimmten Zeitpunkt und an einem bestimmten Ort. Folgende Informationen können wir demnach schon einmal festhalten:

**Aszendent:** Waage und erstes Haus

**Skorpion:** zweites Haus

**Schütze:** drittes Haus

**Steinbock:** viertes Haus und IC sowie auch Sonne; ins vierte Haus fallen auch Merkur, Venus und Pluto

**Wassermann:** fünftes Haus und Saturn

**Fische:** sechstes Haus und Neptun

**Widder:** Deszendent und siebtes Haus; Jupiter steht in diesem Haus

**Stier:** achtes Haus, Uranus und Mond

**Zwillinge:** neuntes Haus und Mars

**Krebs:** zehntes Haus und MC

**Löwe:** elftes Haus

**Jungfrau:** zwölftes Haus

Zeichnen wir nun diese Konstellationen in unser Horoskop ein (siehe Kapitel „Häuser“), würde dies wie folgt aussehen:

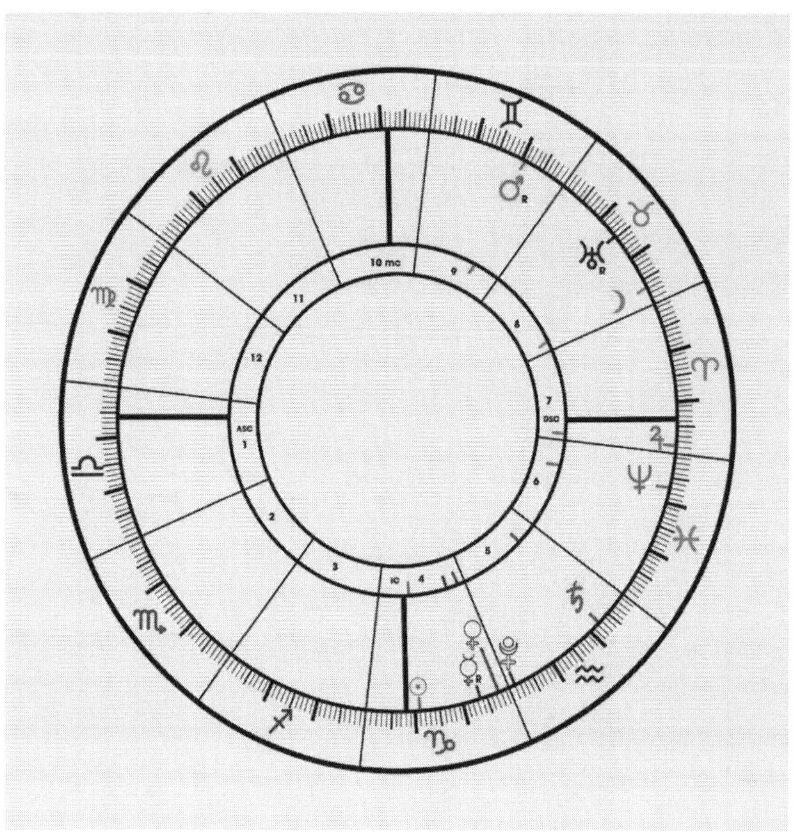


Hier wurde das Ganzzeichenhäusersystem verwendet.

Bei dieser Variante liegt der Fokus weniger auf den Tierkreiszeichen, sondern vielmehr auf den Häusern. Wie interpretieren wir nun das, was wir sehen?

Im vierten Haus, das Haus für Herkunft und Familie, ist außergewöhnlich viel Bewegung. Die Sonne, die für das Ich steht, der Merkur für Kommunikation, die Venus für Schönheit und der Pluto für materiellen Verlust, befinden sich im vierten Haus. Das könnte darauf deuten, dass familiäre Werte in diesem Jahr im Umbruch sein werden. Eine geänderte Außenpolitik könnte dazu führen, dass die junge Generation sich wissensdurstig in die Welt aufmacht, um Neues zu entdecken und sich neu zu definieren. Zurück bleiben die älteren Generationen, aber auch ein wirtschaftlicher Verlust.

Der Saturn steht im fünften Haus, das Haus der Kreativität und des Vergnügens. Da der Saturn eher mit Realismus und Schwermut assoziiert ist, könnte das darauf hindeuten, dass das Jahr wenig vergnüglich wird – oder auch, dass sich eine neue künstlerische Strömung zeitgenössischer Kunst bildet, die realitätsnaher und düsterer ist.

Der Neptun steht im Haus des Alltags und der Arbeit. Dies könnte ein Hinweis auf eine rückläufige Wirtschaft sein, da der Neptun eher für Realitätsflucht steht als für Fleiß. Ein Blick auf die Rauschmittelstatistik für das Jahr könnte ebenfalls neue Erkenntnisse bringen.

Im siebten Haus, dem Haus für Beziehung und Partnerschaft, steht der Jupiter, der einen Einfluss für materielles Wachstum bedeuten kann. Gegebenenfalls werden in diesem Jahr viele Ehen geschlossen. Da der Jupiter gerade am Anfang des siebten Hauses steht, könnte dies jedoch lediglich einen beginnenden Trend andeuten.

Der Mond und der Planet Uranus stehen beide im achten Haus, das Haus der materiellen Verluste und des Verhältnisses zu gesellschaftlichem Gut. Da der Uranus ein Bote des Unkonventionellen ist, könnte dies ein starkes Zeichen des Umbruchs sein. In Kombination mit dem Mond, der für tief Verborgenes steht, kann es darauf hindeuten, dass ein Verlust für die Gesellschaft bevorsteht, wie auch im vierten Haus angedeutet.

Der durchsetzungsstarke Mars steht im neunten Haus der Weltanschauung und ferner Länder. Dies könnte ein starker Hinweis auf einen Wandel in der Außenpolitik bedeuten, was in Kombination mit der starken Bewegung im vierten Haus durchaus Sinn ergibt.

Die restlichen Häuser stehen leer. Das bedeutet, dass in den anderen Bereichen keine besonderen Vorkommnisse für das Jahr 2023 zu erwarten sind.

## VARIANTE ZWEI: DIE SONNENHÄUSER

Erinnern wir uns noch einmal an den Unterschied zwischen Sonnen- und Mondzeichen, Aszendent und Deszendent, beschränken wir uns hier nur auf eines: auf das Sonnenzeichen. Die Methode der Sonnenhäuser ist sehr traditionell und weniger individuell, zeigt jedoch gewisse Tendenzen an und kann ergänzend eine große Stütze sein. Auf die Sonnenhäuser stützen sich meistens Zeitschriftenhoroskope. Der Unterschied zwischen den bisher behandelten Geburtshoroskopen und den Sonnenhäusern ist, dass erstere mit der Erde verwurzelt sind. Auch die Häuser, wie wir sie bisher kennen, zeigen unsere Lebensbereiche auf der Erde an und ebenfalls, wie wir mit ihnen fertig werden. Die Sonnenhäuser hingegen drücken unsere Natur aus, mit der wir bereits zur Welt kommen und die wir in einem Jahr durchlaufen. Das Sonnenhoroskop zeigt an, wer man selbst ist, und nicht, in welcher Situation man sich befindet. Die Sonnenhäuser beruhen auf dem Glauben, dass jeder Mensch alle zwölf Tierkreiszeichen in sich trägt, und zwar ungeachtet davon, wo er geboren ist.

Ist man beispielsweise als Widder geboren, so ist der Widder auch das erste Haus, Aszendenten werden hier nicht berücksichtigt. Der Stier ist das zweite Haus und so weiter. Im Zusammenhang mit dem Sonnenhoroskop werden die Häuser, wie wir sie kennen, jedoch Felder genannt.

**Was würde das für unser oben genanntes Beispiel bedeuten?**

Blenden wir den Aszendenten, den Deszendenten und die herkömmlichen Häuser aus und würden dies als Geburtshoroskop einer Person, nicht eines Jahres, ansehen, so wäre es eine Person, die im Sternzeichen Steinbock geboren ist. Der Steinbock wäre das erste Feld und die darin enthaltenen Planeten würden im Zusammenhang mit den Eigenschaften des Steinbocks interpretiert werden. Durch Merkur und Venus wäre es jemand, der intelligent, hochkommunikativ und zeitgleich entweder selbst mit außergewöhnlicher Schönheit gesegnet oder stark von Schönheit angezogen wäre. Der Einfluss des Plutos könnte darauf deuten, dass diese Person nicht gut mit Geld umgehen kann. Das bedeutet: Der

Steinbock kann zwar durch seine fleißige Art gut Geld erwirtschaften, aber nicht verwalten. Das zweite Feld ist das des Wassermanns. Da Saturn in dem Feld steht, kann es darauf hindeuten, dass die Qualitäten des Wassermanns, wie Ideenreichtum, etwas gedämpft sind. Damit nehmen sie nicht so viel Einfluss auf die Eigenschaften des Steinbocks. Im dritten Feld befinden sich die sensiblen Fische und Neptun. Das kann darauf hindeuten, dass im Steinbock tiefe Emotionen und eine überraschend ausgeprägte Empathie verborgen sind. Im vierten Feld befinden sich Jupiter und der Widder. Dies könnte bedeuten, dass hier materielles Wachstum wie im Sturm eintritt, eventuell auch durch richtig gesetzte Impulse. Im fünften Feld befindet sich der Stier, der unter dem Einfluss von Uranus und dem Mond steht. Hier herrschen entgegengesetzte Energien, was auf ein inneres Dilemma deuten lässt. Der Wunsch nach Sicherheit und Traditionen kollidiert hier mit dem Bedürfnis nach Selbstverwirklichung und neuen Wegen. Das sechste Feld steht unter dem Zeichen der Zwillinge und dem Planeten Mars. Hier ist eine hohe Kommunikationskompetenz zu sehen, jedoch auch ein Konflikt, vermutlich mit sich selbst.

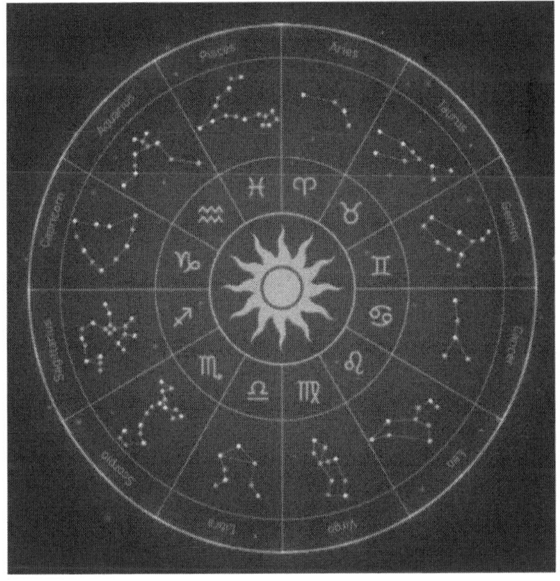

## VARIANTE DREI: DIE TRANSIT-METHODE

Bei dieser Methode blicken wir auch auf das Verhältnis der Tierkreiszeichen und der Planeten – jedoch nicht als Momentaufnahme, wie bisher, sondern in ihrer Wanderung über das Jahr hinweg.

Dabei wird zwischen den Schnellläufern

- Sonne,
- Mond,
- Merkur,
- Venus,
- Mars und
- Jupiter

und den Langsamläufern

- Saturn,
- Uranus,
- Neptun und
- Pluto

unterschieden.

Die Langsamläufer haben dabei eine höhere Gewichtung. Die Transite werden im Horoskop auf der Tierkreisscheibe eingezeichnet, um nachvollziehen zu können, welchen Weg sie in den 12 Monaten nehmen. Möchte man etwas über die Vergangenheit erfahren, schaut man, welchen Weg sie zurückgelegt haben. Wie wir im Kapitel über die Planeten bereits gelernt haben, sind diesen verschiedene Bedeutungen beigemessen. In Kombination mit den Tierkreiszeichen, durch die sich die Transite bewegen, können so Interpretationen vorgenommen werden.

Die Schnellläufer werden dabei mehrmals pro Jahr alle Tierkreiszeichen durchlaufen. Die Langsamläufer deuten auf größere Lebensereignisse und nachhaltigere Tendenzen hin.

**Wann wird die Transit-Methode angewandt?**

Möchte man Erkenntnisse über günstige Planetenkonstellationen für bestimmte Lebensbereiche erhalten, eignet sich die Transit-Methode, insbesondere, wenn es darum geht, den richtigen Moment abzupassen, um beispielsweise größere Anschaffungen zu tätigen. Hierfür könnte beispielsweise Merkur mit den Stärken der Kommunikation im Tierkreiszeichen Stier stehen.

# VARIANTE VIER: DIE NEUMOND-METHODE

Ergänzend zu den bisher aufgeführten Methoden lernen wir nun die vierte und letzte Methode kennen, die des Neumondes. Dabei wird auf den Zeitpunkt des beginnenden Neumondes direkt vor der Geburt oder bis zu drei Monate nach der Geburt geblickt. Diese Methode kann insbesondere in Ergänzung zu den Sonnenhäusern gesehen werden, da Mond und Sonne Gegenpole sind.

Mit der Betrachtung des Neumondes vor der Geburt wird eine Prognose für den gesamten Lebenszyklus erstellt, da das neu beginnende Leben symbolisch mit dem Neumond kombiniert wird. Dabei handelt es sich jedoch, anders als bei den Sonnenhäusern, die auf einen selbst abgestimmt sind, nicht um Prognosen für das Innere, sondern es geht vielmehr darum, welchen Sinn man im Leben findet und was man anderen geben kann.

Auch bei der Neumond-Methode wird davon ausgegangen, dass der Mensch bereits mit seinen Eigenschaften zur Welt kommt. Anders als bei den Sonnenhäusern wird hier jedoch in den Vordergrund gestellt, was er mit diesen macht. Wie wird er seine Stärken einsetzen, seine Talente? Worin zeigen sich die Schwächen und kann er diese vielleicht über die Zeit beseitigen?

All diese Methoden stehen nicht konkurrierend zueinander, sondern sind vielmehr als mehrere Seiten eines großen Ganzen zu sehen. Wir haben uns hier mit den Horoskopen ganzer Menschengruppen befasst oder mit Tendenzen, die sich innerhalb eines Jahres abstrakt zeigen werden. Nicht jeder interessiert sich für Wirtschaft, daher ist dieser Teil des Jahreshoroskops für diese Personen nicht von Wichtigkeit. Wer jedoch beispielsweise nach einer Partnerschaft sucht und diese Strömungen mit aufnimmt, könnte genau zu dieser Zeit erfolgreich werden.

Pisces
Aries
Taurus
Gemini
Cancer
Leo
Virgo
Libra
Scorpio
Sagittarius
Capricorn
Aquarius
XII
I
II
III
IV
V
VI
VII
VIII
IX
X
XI

# Jetzt sind Sie an der Reihe

Wir haben eine lange und interessante Reise hinter uns. Von Mesopotamien bis nach Ägypten, Griechenland und Rom haben wir die Ursprünge und den Wandel der Astrologie mitbekommen. Auch ihre Bedeutung für Nationen und Kulturen, Könige und normale Menschen ist uns nicht mehr verborgen.

Wenn Sie nun in den Sternenhimmel blicken, sehen Sie vielleicht mehr als nur das hübsche Glitzern. Vielleicht sehen Sie den starken Löwen, mit all seinen Stärken und Schwächen. Oder Sie sehen die Venus hell erstrahlen und kommen in romantische Stimmung.

Denken Sie oft über Lebensfragen nach und rätseln, was wohl die Zukunft bringt, haben Sie nun das Werkzeug dazu, Ihr eigenes Horoskop für die Woche, den Monat oder das Jahr zu erstellen und vielleicht herauszufinden, was anderen noch verborgen bleibt. Den Stellenwert des Horoskops als Wegweiser und Begleiter im eigenen Leben sucht sich jeder selbst aus. Ist er eine Hilfe, in dem Chaos nicht den Überblick zu verlieren, sich vielleicht zeitspezifische Ziele zu setzen oder einfach nur zum Träumen einzuladen, so hat er den Sinn seiner Erstellung erfüllt: das Leben positiver zu gestalten und jedem, der Fragen hat, Antworten zu geben.